KB106358

드넓은 평원 흑룡강성,
초원의 땅 후뤈베이얼

드넓은 평원 흑룡강성,
초원의 땅 후룬베이얼

발행일   2017년 4월 21일

지은이   채 한 종
펴낸이   손 형 국
펴낸곳   (주)북랩
편집인   선일영   편집   이종무, 권혁신, 송재병, 최예은
디자인   이현수, 이정아, 김민하, 한수희   제작   박기성, 황동현, 구성우
마케팅   김회란, 박진관
출판등록 2004. 12. 1(제2012-000051호)
주소   서울시 금천구 가산디지털 1로 168, 우림라이온스밸리 B동 B113, 114호
홈페이지 www.book.co.kr
전화번호 (02)2026-5777   팩스   (02)2026-5747

ISBN   979-11-5987-535-9 03910(종이책)   979-11-5987-536-6 05910(전자책)

잘못된 책은 구입한 곳에서 교환해드립니다.
이 책은 저작권법에 따라 보호받는 저작물이므로 무단 전재와 복제를 금합니다.

이 도서의 국립중앙도서관 출판예정도서목록(CIP)은 서지정보유통지원시스템 홈페이지(http://seoji.nl.go.kr)와
국가자료공동목록시스템(http://www.nl.go.kr/kolisnet)에서 이용하실 수 있습니다.
(CIP제어번호 : CIP2017009648)

(주)북랩 성공출판의 파트너
북랩 홈페이지와 패밀리 사이트에서 다양한 출판 솔루션을 만나 보세요!
홈페이지 book.co.kr   1인출판 플랫폼 해피소드 happisode.com
블로그 blog.naver.com/essaybook   원고모집 book@book.co.kr

드넓은 평원
흑 룡 강 성,

광활한 북만주 벌판에서 만끽하는 인생의 여유

초 원 의 땅
후뤈베이얼

채한종
지음

북랩 book Lab

2010년 봄으로 기억된다. 그때 학교를 옮기면서 처음 작가를 만났다. 작가를 대했을 때 소탈하고 건전한 인간미에 매력을 느꼈다. 얼마 지나지 않아 작가가 두 권의 여행기를 썼다는 사실을 알았다. 이번에도 휴가를 맞아 장기간 중국으로 여행을 간다고 했다. 어느 순간부터 동료교사라는 느낌보다 작가라는 이미지가 더 친숙하게 다가왔다. 작가는 우리의 만남이 있기 오래전부터 상당 기간 중국의 수많은 지역을 두루 여행하고 있었다.

어느 한 나라만을 고집스레 여행하기를 바라더라도 그걸 실제 행동으로 옮기는 사람은 흔치 않다. 하지만 작가는 오랜 기간에 걸쳐 중국의 거의 모든 성(省)을 여행하고 있다. 이번 에세이는 그중에서 중국의 북만주 지역을 담은 에세이다.

작가가 여행을 대하는 자세가 마음에 와 닿는다.

작가의 여행은 유명 관광지를 찾아가는 여행이라기보다 한 곳에 오래 머무는 '생활여행'이라는 점에서 나에게 더욱 깊은 인상을 남졌다. 특유의 친화력으로 현지인과 어울리며 여러 지역을 다니면서 여행 그 이상의 것을 체험하는 것 같았다. 이를 통해서 작가는 자신의 인생을 발견하고, 생각하고, 마주한다. 여행을 하면서 중국인과 긴 교류를 통해 서로를 이해하고 함께 어울리는 모습이 부럽기도 하다.

작가의 기록은 나에게 여행과 같은 의미가 되었다. 그의 글은 탁트인 푸른 초원과 드넓은 평야의 북만주를 그대로 잘 묘사해주고 있다. 작가의 글과 사진을 통해 실제로 여행하는 나 자신의 모습이 그려지곤 한다.

나 역시 일찍부터 나름대로 스트레스를 해소하기 위해 여행에서 이를 즐겨 읽는다. 가끔 도서관에 가서 가고 싶은 나라의 관련 서적을 읽으면서 그곳에 가 있는 상상을 하기도 한다. 그러다 보면 어느덧 여행하고 싶은 충동이 생긴다. 여행을 하고 돌아오면 한동안 인생 항해의 목표나 의지를 다지는 활력을 얻기도 한다.

작가의 이번 중국여행 에세이 『드넓은 평원 흑룡강성, 초원의 땅 후뤈베이얼』은 흔히 접해볼 수 없는 중국 동북지역 여행에세이라는 점에서 더욱 나의 관심을 끈다. 또한 이 책은 북만주 생활이야기를 바탕으로 문화와 생활이 어우러진 에세이다. 그래서 편히 읽다 보면 중국이라는 나라, 특히 북만주에 가보고 싶은 충동이 일기도 한다.

도전은 양면성이 있다. 두려움과 설렘이 동시에 존재한다. 뭔가 준비되지 않았기에 두려움이 있고, 그래서 미지의 세계에서 시행착

오를 겪기도 한다. 어차피 길을 가다가 마주친 문제를 스스로 해결하는 과정이 여행 아닌가. 떠나기 전의 설렘 또한 빼놓을 수 없는 우리의 감정이다. 중국이라는 나라를 주로 여행하는 작가지만 매번 새로운 설렘과 두려움은 숨길 수 없는 감정이었으리라.

여행자들의 공통점은 무엇인가 추구하기를 멈추지 않는다는 것이다. 작가는 과연 무엇을 추구하기 위해 중국이라는 나라를 여러 차례 찾아가는 것일까?

독자들의 관심을 기대해본다.

삶의 여유와 설렘을 동시에 느끼기 위한 여행을 생각한다면 자신의 인생 여행도 한 번 생각해 보면 어떨까? 당신의 삶의 여정을 뒤돌아볼 수 있는 여행에세이로 이 책의 일독을 권한다.

충주에서

김진영

머리말

동북삼성의 지리적 명칭을 만주滿洲라 불렀던 시절이 있었다. 우리나라가 일제식민지였던 시기, 독립운동가들은 이곳 만주에서 활약했다. 이 정도가 내가 학창시절에 배운 만주에 대한 역사적 이야기이다.

나이 사십에 들어 『북대황』이라는 책을 우연히 접했다. 저자가 그리워하는 고향 흑룡강성의 추운 겨울나기 이야기가 무척 인상에 남았다. 이것이 동북의 생활을 이해하는 두 번째 기회였다.

그리고 나이 육십에 들어 늦게나마 가보지 않은 중국의 동북을 찾은 것이다.

이 책은 만주의 흑룡강성과 내몽고 북부 후룬베이얼의 자연환경과 그곳에 살아가는 사람들의 이야기다. 다시 말한다면 북만주에 해당하는 지역이라고 해도 좋을 것 같다. 2015년 여름, 처음으로 북만주를 여행했다. 이후 3년간 틈틈이 그곳에 다녀왔다. 그동안 그들과 함께 지냈던 작은 이야기와 생소하게 겪은 경험을 담은 것이다.

끝이 보이지 않는 넓은 평원과 초원, 파란 하늘에 두둥실 떠 있는 흰 구름, 그 속에서 자유롭게 뛰노는 가축들의 풍경을 보고 있노라면 마냥 가슴이 설렌다. 게다가 숲속으로의 여행은 맑은 공기와 함께 신선한 기분을 마음껏 누릴 수 있어 좋다. 추수가 끝난 들녘에 이삭을 먹기 위해 가축들이 떼 지어 들판을 거니는 것을 보면 모든 것이 풍요롭게 느껴진다. 내가 바라고 그리워하는 것이 모두 이곳에 있는 것 같았다.

언제부터일까?

마음이 답답하고 힘들 때면 습관처럼 북만주로 여행을 떠났다. 황망하고 광활한 벌판에 서면 나는 세상의 주인공이 된다. 모든 짐을 털어버린 홀가분한 마음이 하늘을 한없이 날기도 한다. 유랑자의 모습으로 며칠을 보내면 세상을 포옹하고 있는 기분이다. 초원에 누워 별을 이야기하고 숲속에서 새소리를 만나고 들녘에서 석양의 그을린 노을을 노래한다.

나는 특별한 여행 마니아도 아니고 잠시 인생을 사는 방랑자는 더욱 아니다. 오직 일상에서 벗어나 떠나 있었던 시간일 뿐이다.

글을 쓰면서 항상 나를 의심했다.

책을 출간한다는 것이 나에게 가능한 일인가부터 고민으로 다가왔다. 이미 두 권의 책을 출간했지만 너무 부끄러웠다. 욕심으로 가득 찬 명예욕이었을 뿐이라는 생각을 지울 수가 없었다. 나이가 들어가면서 오는 겸손인지 의기소침한 자괴감인지는 알 수 없다. 그러면서도 내 평생 세 번째의 글을 끌어안고 싶은 욕심이 다시 한

권의 책에 집착하고 있는지도 모른다. 나를 아는 지인이나 독자들이 이 글을 읽는다면 이해하리라 믿는다. 이 글을 쓰면서 나는 또 오류를 범했을지도 모른다.

한 권의 글이 완성되기까지 늘 아낌없이 조언해주고 격려해준 소중한 친구가 있다. 그 친구에 대한 이야기는 이 책 어디에도 없지만 동시에 어디에도 스며들지 않은 곳이 없다. 동북의 모훙리牟洪利에게 이 글을 드린다.

끝으로 늘 고민해온 한 가지가 있었다. 지명이나 인명을 어느 나라 발음으로 적어야 할지 애매했던 것이다. 우리나라 발음으로 적으면 읽기는 편할지 몰라도 현지에서는 전혀 통용되지 않는 문제가 있었다. 중국식 발음으로 적으면 읽기는 어색하나 현지의 여행에 다소나마 도움이 될 것 같았다.

그래서 우리나라 사람이 익숙하게 들었던 지명이나 인명은 우리나라식으로 적었다. 그 외에 생소한 지역의 지명이나 인명은 중국식 발음으로 적었다. 그리고 처음 접하는 지명에는 한글과 한자를 함께 써서 독자들이 지리상 이해를 쉽게 하도록 노력했다.

2017년 4월

채 한 종

차례

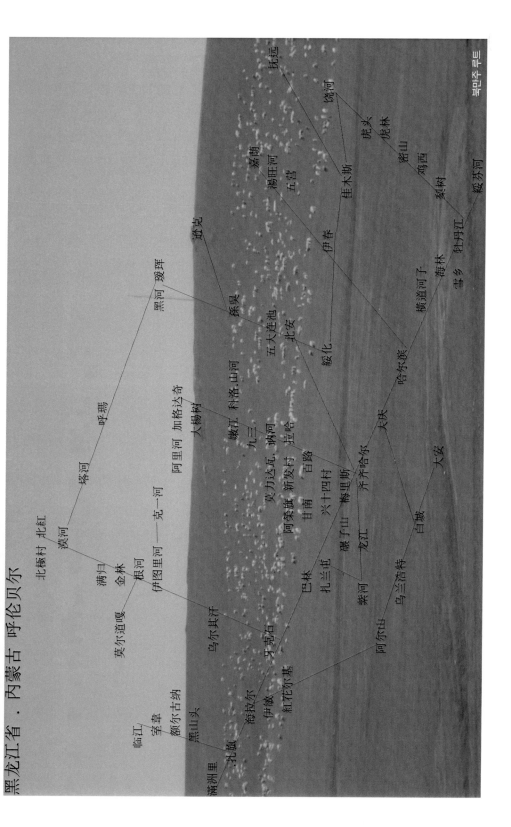

1부

기차
여행

⋮

　끝없는 은백색의 대지와 광활한 파란 하늘.

　이 사이를 설레는 마음으로 기차를 타고 떠난다. 기차가 달리며 들려오는 레일의 '덜그렁' 소리와 가끔씩 내뿜는 기적 소리를 들으며 무작정 떠난다. 어디를 찾아간다는 마음보다 지루한 일상을 벗어난다는 느낌이 더 좋다. 영원히 만나지 않을 평행선의 레일을 따라 세월만큼이나 긴 철길을 달린다. 생각만 해도 가슴 설레는 여행이다.

　여행을 하면서 일어날 수 있는 예기치 않은 일들에 대한 호기심과 기대감은 여행의 매력이다. 돈이 많아 일생을 편안히 살 수 있

내몽고 모얼따오까행 열차

는데도 사람들은 꼭 일을 만든다. 그래서 사업을 그르치고 많은 재산을 다 날리는 사람도 있다. 이렇게 사람들은 위기보다 일상의 평범함을 더 못 견뎌 하는지도 모른다.

기차를 타고 떠나는 시간 속에 우리는 많은 사람을 만나고 많은 이야기를 만들어간다. 기차 여행이 자가용이나 버스를 타고 떠나는 여행보다 더 정감있게 느껴지는 이유이기도 하다.

흑룡강성 치치하얼齐齐哈尔에서 내몽고 만저우리满洲里행 기차에 올랐다. 만저우리까지는 약 12시간 정도가 소요된다.

만저우리는 내몽고 후뤈베이얼呼伦贝尔 서쪽에 있는 변경도시다. 이 도시는 러시아와 국경을 접한 곳으로 수출입이 왕성하게 이루어지고 있다. 러시아풍의 건물로 조성된 만저우리의 밤거리는 여행자라면 한번 걸어볼 만하다.

침대표를 사려다가 앉아가는 표를 샀다. 심심하면 언제든지 말벗이 되어주는 사람들이 있기 때문이다. 그들과 이야기하며 가는 시간이 마냥, 아니 이유 없이 좋다. 이야기를 나누다 보면 의외의 여행 정보를 얻기도 하고 친구를 사귀기도 한다. 서로 고향이나 직업 등을 묻다가 하나의 공통 화젯거리가 생기면 열을 올리듯 흥분된 어조로 대화를 이어간다. 멀리서 들으면 서로 말다툼을 하는 것은 아닌가 할 정도이다. 가끔 섞여 나오는 웃음소리가 주위를 안심시킨다.

모르는 사람들도 조금의 시간이 지나면 어느새 같이 카드놀이를 즐긴다. 남녀노소를 가리지 않고 약속이나 한 듯이 기차의 이러한 생활이 익숙한 듯하다. 간혹 젊은이들은 핸드폰으로 음악을 듣거나 영화를 보면서 가기도 한다.

이들의 대화 중에 이상한 말이 귀에 자주 들려온다. 가끔 서로 나누는 이야기 중에 '언나嗯呐'라는 말을 자주 사용하고 있다. 중국을 여행하면서 동북에서만 듣는 말이다. 물어보니 '그래, 맞아'라는 의미의 말이라고 한다. 이 말은 동북에서 사용되는 사전에도 나오지 않는 사투리다.

기차 안에서

기차가 큰 도시에서 멈춘다.

내리는 사람이 모두 플랫폼을 떠나고 나야 타는 사람이 들어올 수 있다. 내리고 타는 시간이 길어진다. 그만큼 시간이 소요되기는 하지만 안전을 위한 조치라고 한다. 인구가 많아 일상생활에서도 우리와 다른 점이 한둘이 아니다.

어쩌다 사람이 많이 내리면 빈자리에 누워가기도 한다. 세 명이 앉는 자리는 누워가기에 전혀 불편하지 않다. 피곤하거나 지루하여 누워간다면 사람들은 주위에 여분의 자리가 있는 한 굳이 방해하지 않는다.

아무 생각 없이 자면 그만이다. 기차의 덜컹거리는 소음이 어느새 자장가처럼 익숙하게 들려온다. 이럴 때는 시간의 한적함도 느끼지만 사람들의 여유로움도 함께 느낀다.

가끔씩 기차 안에서 혁대, 칫솔, 가정상비약, 핸드폰 충전기 등 각종 생활용품을 파는 사람이 지나간다. 상품을 팔기 위한 이들의 입담도 승객을 즐겁게 한다. 어떤 장사꾼은 한국산이라고 하면서 물건을 팔기도 한다. 하지만 나는 한국에서 그런 상품을 접해 본 적이 없다. 음료와 간단한 먹을거리를 파는 사람도 지나간다.

놀랍게도 겨울 한가운데의 계절에도 기차 안은 전혀 춥지 않다. 오히려 너무 더워서 하이라얼海拉尔의 '쉬에까오雪糕'라는 아이스크림을 팔기도 한다. 하이라얼의 아이스크림이 이곳에서 유명하다기에 2원을 주고 사 먹었다. 약간의 당과 우유가 들어있는 보통의 빙과와 다를 바 없는 맛이다. 하지만 이곳 초원에서 방목되어 나온 젖소의 우유가 중국 대도시인 상해나 북경의 직장 그리고 군부대까지 공급된다고 한다. 후뤈베이얼 대초원은 이토록 질 좋은 우유가 생산되는 축복의 땅이다.

기차가 역에 서면 내리고 오르는 사이에 사람들이 북적대는 모습도 무료함을 달래준다. 현지인들은 기차에 오르면 선반에 짐부터 올린다. 번거로울 법도 하건만 익숙한 모습이다. 선반에 올려진 짐이 조금이라도 밖으로 삐져나오면 복무원이 정리하라고 말한다. 그러면 승객들은 자기 짐을 다시 정리하곤 한다. 혹시 모를 안전사고를 예방하기 위해서다.

또 길을 떠난다.

새로운 사람이 마주 앉으면 다시 새로운 인연으로 기차와 함께 길을 떠난다.

조용할 틈이 없다.

가끔씩 기차에서는 복무원이 표 검사를 하며 지나간다. 보통 기차의 자리에 앉을 때까지 표 검사는 여러 번 있다. 기차표를 가지고 대합실로 들어갈 때와 기차를 타러 대합실에서 나갈 때, 그리고 기차에 올라탈 때 세 번 검사를 한다.

그런데도 기차 안에서 철저하게 할 때는 승객들이 표 검사를 받고서야 이동하도록 한다. 때로는 무슨 영문인지 모르지만 표 검사를 하다가 승객과 복무원 사이에 실랑이가 벌어지기도 한다. 이럴 때는 기차 안의 승객들이 모두 그쪽을 보며 수군덕거린다.

나도 내 좌석에 앉은 아주머니에게 자리를 비키라고 하면서 다툰 적이 있었다. 한참 입씨름을 하고 나의 좌석 번호를 보니 기차 옆 칸의 번호였다. 나의 실수였다. 그런데 그 아주머니가 굳이 표를 보여주지 않은 이유는 지금도 모르겠다.

한 번은 원래의 자리보다 훨씬 더 편안한 자리에 앉아서 갔던 적도 있다. 기차에 오르니 내 자리에 연로하신 할아버지가 앉아 계섰다. 말없이 서 있는 나를 본 중년의 남자가 나의 사정을 눈치챘다. 그분이 지나가는 복무원에게 나의 사정을 말하니 복무원이 나보고 따라오라고 한다. 복무원을 따라간 곳은 식당칸이다. 서서 갈 뻔했는데 식당칸이나마 앉아서 갈 수 있었다. 이렇게 장거리 여행을 떠나면 기차에서 겪는 모든 일이 새롭고 재미있다.

지루하면 창밖으로 시선을 돌리기도 한다.

기차는 산기슭의 냇가를 건너고 마을과 들녘을 지나고 드넓은 평야를 달린다. 어쩌면 이 모습이 우리네 인간사와 똑같지 않을까 하는 생각도 해 본다. 희로애락을 싣고 떠난 나의 몸이 어느새 환갑에 접어들었다. 거친 세파도 두렵지 않았던 젊음이 있었고 평생 늙을 것 같지도 않았다. 그런데 언젠가부터 친구들을 만나면 몸 곳곳의 아픔이 대화 주제가 되었고, 애석하게도 이른 죽음을 맞이한 친구 이야기를 듣기도 한다.

창밖에 스쳐 지나가는 나무들이 애처롭다. 가을의 스산한 바람 속에 잎을 떨어뜨린 앙상한 나무들이 겨울을 기다리고 있다. 아마 내가 여기까지 온 슬픈 그늘일는지도 모른다. 가끔씩 철길을 보수하는 사람들이 곡괭이를 어깨에 멘 채 힘겹게 레일 위를 오가고 있다.

동북의 철도여행은 보통 장시간이 걸린다.

이곳 흑룡강성과 내몽고 후룬베이얼 지역의 면적이 우리나라의 약 일곱 배에 달하지만 인구는 우리 남한의 인구보다 적다. 그래서 중국 남부지방에서의 기차를 이용하는 것보다는 훨씬 수월하다.

두세 시간 걸리는 곳은 버스를 타곤 하지만 그 이상은 주로 기차를 이용한다. 더욱이 겨울이 되면 버스 여행이 매우 위험할 수가 있다. 출발하는 시간에는 날씨가 좋았다 하더라도 도중에 폭설을 만날 수도 있기 때문이다.

내가 탄 기차는 자그마한 역까지 모두 정차하는 느림보 기차다. 언제든 기차 안에서 배고픔을 해결하려면 음식은 필수다. 식사 때가 되면 많은 사람이 컵라면을 들고 뜨거운 물을 받으러 간다. 장시간 운행되는 기차에는 언제든지 끓는 물이 준비되어 있다. 빵이나 만두를 준비한 사람들도 있지만 나는 항시 간단히 먹을 수 있는 컵라면을 가지고 탄다.

기차에서 조금 불편한 것이 있다면 차량과 차량 중간에서 사람들이 피워대는 진한 담배 연기다. 중국인들은 아직 흡연예절에 대한 인식이 부족한 것을 느낄 수 있다.

기차 안에서의 흡연은 기차 차량 사이에서만 가능하다. 가끔씩 복무원 아가씨가 재떨이를 비우곤 한다. 입석표를 산 사람들이 너무 많을 땐 칸과 칸 사이에 서 있으면 늘 흡연 연기에 노출된다. 멋스러운 아주머니도 이런 것에 익숙한지 얼굴을 전혀 찌푸리지 않고 서 있다.

1996년에 곤명에서 성도로 가는 기차를 탄 적이 있다. 옆자리에 있는 분이 준 담배를 자리에 앉아 피우다 나이 지긋한 총책임자에게 들켰다. 주위 사람들이 피우기에 마음 놓고 피웠는데 걸린 것이

내몽고 겨울 마을 풍경

다. 그는 신분증을 요구하며 나의 여권을 가지고 갔다.

그리고 새벽 두 시쯤 총책임자가 나를 불렀다. 옆에 있던 아가씨 복무원이 여권을 보고는 그에게 내가 한국인이라고 말해주었다. 그는 "한 번 주의를 주겠다."고 경고했다. 난 용서를 구하듯 두 손을 앞으로 모아 겸손의 자세로 최대한 예의를 갖추었다. 참으로 웃지 못할 이야기다.

서안에서는 역 광장 안으로 들어간다고 낮게 설치된 바리케이드를 넘다가 10원 벌금을 물었다. 역시 한번은 걸려야 정신을 차리는가 보다. 안에서 새는 바가지가 어디 가면 안 새겠는가 하는 생각이 들었다.

하지만 도시의 시내버스에서는 "양보는 중화 민족의 미덕이다."

라는 문구와 "노인, 임산부, 병약자, 환자에게 자리를 양보하라."는 글이 운전석 천정에서 빛나고 있다. 기차 대합실에는 임산부, 아이를 가진 엄마들을 위한 특별 대합실이 있어서 꽤 쾌적하다.

자란툰扎兰屯을 지나니 겨울이 찾아왔다.

벌써 내몽고는 눈이 내렸다. 올해는 한 달 정도 계절이 앞서간다고 한다. 인기척도 들리지 않는 작은 마을들은 벌써 겨울잠에 들었다. 말로만 듣던 동토의 땅을 실감하고 있는 내몽고 북서부를 향하여 기차는 달린다.

차창으로 보이는 마을의 풍경은 아늑하고 고요하기 그지없다. 엄동설한의 겨울눈으로 덮인 마을의 가옥들이 지붕만을 드러낸 채 굴뚝에서 하얀 연기를 내뿜고 있다. 연기는 바람에 날리어 춤을 추듯 허공을 향해 날아간다.

한 장의 사진 같은, 아니 한 폭의 그림 같은 먼 옛날 어릴 적 동화 속 겨울 풍경이다. 이럴 때면 마음은 정겨운 고향으로의 여행을 꿈꾼다.

나는 어린 시절 기차를 보지 못했다.

13살 때쯤 처음으로 기차를 보았던 것으로 기억된다. 기차를 보려면 고향에서 버스로 한 시간 반 정도 걸리는 청주나 대전까지 나가야 했다. 그래서 기차 여행이 나에게 더욱 색다른 호기심으로 다가왔는지도 모른다.

지난해 여름 기차를 타고 처음 이곳을 다녀가면서 정겨운 일들을 참으로 많이 겪었다. 그 이후 네 번째로 이곳을 여행하고 있다.

내몽고 겨울 마을 풍경

그래서인지 주변의 풍광이 이제는 낯설지가 않다.

한 아주머니가 나에게 귤을 건넨다.

몇 마디 이야기를 나누다 보면 통상적으로 어디 사람이냐고 물어온다. 한국 사람이라는 말에 잠시 놀라는 표정을 짓는다. 이 아주머니는 하이라얼까지 간다고 한다. 그러면서 겨울에 이곳을 찾는 여행자는 거의 없다고 하면서 여름에 오라고 한다. 여름에 다녀 갔다는 말을 들은 아주머니는 놀라듯 이것저것을 물어왔다.

주변의 사람들도 놀라기는 마찬가지다. 잠시 동안 사람들의 시선이 내게로 쏠린다. 언제나 그랬기에 이제는 놀라거나 당황해하지 않는다.

그들은 한국의 생활상에 대해 무척 궁금해 한다. TV로 보는 연예인들의 얼굴이 예쁘다거나 한국 화장품이 제일 좋다는 말들을 하곤 한다. 때로는 환율이나 사람들의 월급 등을 물어온다. 심지어 조금 유식해 보이는 사람들은 한국의 정치 상황까지도 물어온다. 이렇게 서로 이야기를 나누다 보면 한동안 지루함을 잊기도 한다.

기차는 어느새 야커스牙克石를 지나고 있다.

야커스는 후룬베이얼 지역 철도교통의 요충지이다. 이곳에서 만저우리로 가는 기차와 건허根河로 가는 기차가 갈라진다. 처음 이곳에 왔을 때 최고 북쪽에 있는 흑룡강성 모허漠河의 북극촌에 간다고 만꿰이满归행 기차를 탔던 기억이 스쳐 간다. 그때는 푸른 초원에 가축들과 숲속의 순록들이 그림처럼 펼쳐진 따가운 여름의 계절이었다. 지나간 날의 기억은 모두가 아름다운 걸까?

차창에 기대어 하얗게 물든 대지를 보며 잠시 시간을 되돌려보았다.

나는 삼십여 년간 교직에 있었다. 교직 생활이라고는 해도 내세울 만한 자랑거리라고는 하나도 없는 평범한 일상이었다. 그래서였을까. 한번 온 인생을 자유로운 시간과 공간에 두고 싶었는지도 모른다. 일찍 퇴직하는 명예퇴직을 선택했다. 그리고 나의 생활이 후회스럽지 않도록 늘 열심히 스스로를 다독거리며 살고 있다.

드디어 하이라얼에 도착했다.

이곳에는 지난번에 와서 알게 된 '쑤허'라는 친구가 있다. 이 친구는 언제라도 내가 오면 초원의 삶을 보여주고 싶다고 했다. 나는 정거운 젊은 친구를 다시 만나려고 여기까지 왔다.

한동안 이야기를 나누며 오던 아주머니와도 웃으면서 헤어짐의 손을 흔들어 보였다.

사람들을 따라 출구를 향해 걸었다. 기차에서 내린 사람들은 몸을 움츠린 채 바쁜 걸음으로 역을 빠져나간다. 출구를 나오면 숙소를 안내하는 아주머니들과 택시 운전수들의 호객하는 목소리가 들린다. 사람들이 모두 빠져나갈 때까지 한동안 역 앞은 시끌벅적하다.

눈으로 덮인 하이라얼 역사驛舍 건축물은 웅장한 느낌을 준다. 역의 건물은 러시아풍의 건축물로 가운데 커다란 돔 형태의 지붕이 있다. 기차를 기다리는 대합실에 가면 이 돔의 천장을 보게 되는데 몽고족장들의 늠름한 모습이 그려져 있는 것을 볼 수 있다.

하이라얼역 돔 천정의 그림

넓은 역 광장의 바닥에는 몽골인의 상징 마크가 새겨져 있다. 광장 양편으로는 여러 개의 기둥이 있는데 의미 모를 문양이 그려져 있다. 아마 몽골인의 관습과 관련된 전통적 그림인 듯하다.

지난번에 이곳에 와서 만저우리 기차역에서 복무원에게 후뢴베이얼 가는 표를 달라고 했다. 몇 번을 말해도 알아듣지를 못한다. 답답하여 지도를 펴서 보여주었더니 후뢴베이얼이라는 말은 내몽고 북부 전체의 구역명이고 지도상에 후뢴베이얼이라고 쓰여 있는 도시는 하이라얼이라고 한다.

또 한 번은 침대칸을 샀는데 3층 침대칸 중에서 2층 침대칸 표를 받았다. 복무원에게 다시 아래 침대칸 표를 달라고 하였더니 바꿔준 표가 3층 침대칸이었다. 내 말이 잘못된 건지 복무원의 실수인지 알 수가 없다. 뒤에는 표를 사기 위해 줄을 서서 기다리는 사람들이 있어 왈가왈부할 시간도 없었다.

중국에서는 기차표를 사려면 신분증을 반드시 제시하여야 한다. 기차표에 사는 사람의 신분을 반드시 적기 때문이다. 여권을 제출하면 기차표에 영문자 성이나 이름을 적기도 하고 여권 번호나 생년월일을 적기도 한다. 작은 기차역에서는 한자로 된 내 이름을 기재하기도 한다. 이렇게 해외를 여행한다는 것은 피곤하지만 재미있는 일상의 연속이기도 하다.

이번 겨울에도 이렇게 내몽고 북부의 후뢴베이얼을 여행하고 있다. 하이라얼에서 가까운 이민伊敏이라는 곳에서 쑤허를 만났다. 쑤허와 그의 어머니와 눈 덮인 초원에서 사흘을 보냈다. 행복했던 사흘간의 시간을 뒤로하고 아쉬운 작별을 했다.

야커스로 돌아왔다.

역 광장에서 가까운 시장의 도심 거리를 산책했다. 밤 11시에 있는 모얼따오까莫尔道嘎행 밤 기차를 기다리고 있는 중이다. 하이라얼에서 출발하여 모얼따오까로 가는 기차로 하루 한 번 밖에 운행되지 않는다. 직접 하이라얼에서 기차를 타면 편하지만 야커스라는 도시를 보고 싶어서 불편하지만 이곳에서 출발하기로 했다.

모얼따오까는 인구 만 명 정도의 시골 마을이다. 중국에서 만 명이라는 인구는 쩐鎭급 중에서도 아주 작은 마을에 속한다. 쩐鎭급이라는 말은 우리나라의 행정구역상 면面에 해당된다. 삼림으로 둘러싸인 모얼따오까에는 중국 최대의 삼림공원과 목재저장소가 있다.

지난번에 러시아 변경지역인 린쟝臨江에 갔을 때 길이 안 좋아서 모얼따오까에 가보지 못했던 것이 못내 아쉬웠다. 겨울에는 볼 것이 없다고 하는 현지인들의 말을 뿌리치고 설경의 마을을 찾아가고 싶었다.

마을의 제설차

역 광장에 눈이 내리고 있다.

밤인데도 사람들은 눈을 치우느라 분주하다. 눈이 내릴 적마다 청소부원이 지정된 구역의 눈을 치운다. 이들은 가끔씩 눈사람도 만들어 놓아 광장의 미관을 가꾸어 놓기도 한다.

흑룡강성의 성도인 하얼빈哈尔濱에서는 매년 1월 초순에 빙등제冰灯节를 한다. 매우 유명한 얼음 축제라 중국인뿐만 아니라 외국에서 온 여행자들도 많이 찾는 축제다.

만리장성, 피라미드 등 거대한 건축물이 얼음으로 조각된다. 용의 턱에 난 수염이 가느다랗게 조각되어 있기도 하다. 얼음조각의 규모에 놀라고 섬세함에도 감탄을 금치 못한다.

또 얼음조각 안에 색 전등을 넣어 밤이면 현란한 불빛으로 사람들의 추운 마음을 녹여준다. 하지만 이러한 얼음조각이 하얼빈에만 있는 것은 아니다. 각 도시의 관공서나 대형 건물 앞에도 조각되어 있다.

야커스역 광장

광장 한편에 사람들이 모여들고 있다.

식사를 마치면 약속이나 한 듯이 그들은 광장으로 모인다. 중국의 기차역은 공원 다음으로 넓은 공간을 가지고 있다. 그래서 이곳에서는 여러 가지 공연이나 행사가 심심찮게 이루어진다.

식사를 마치고 나오는 사람들은 대부분 오륙십 대의 사람들이다. 백여 명 정도의 사람들이 추위 속에서 운동을 하기 위해 나온 것이다. 한 시간 정도 스피커에서 나오는 지시에 따라 율동을 하면서 걷는다. 질서정연한 걸음걸이로 그들은 하나가 된다.

기차를 기다리는 동안 역 주변을 걸었다.

야커스역 광장의 모형기차는 많은 사람들의 사랑을 받으며 기념사진을 남긴다. 길에서는 눈발을 맞으면서 한 푼이라도 벌기 위해 외치는 장사꾼의 목소리가 들려온다. 냉동된 고기가 길바닥에 뒹굴다가 가끔씩 지나가는 사람의 발에 차이기도 한다. 장사꾼은 조금도 개의치 않는다.

'꽈쯜瓜子儿'이라는 것도 있다. 일반적으로 해바라기나 호박씨를 볶은 것이다. 몇 개를 까먹고 사지 않아도 주인은 전혀 개의치 않는다. 이런 사람들이 있어 동북의 겨울 여행이 춥지 않은가 보다.

사람들은 기차를 타면 의자에 앉자마자 탁자에 제일 먼저 물병을 올려놓는다. 그리고 약간의 과일과 컵라면 등을 꺼내거나 비닐봉지에 담아 온 꽈쯜을 꺼내 놓기도 한다.

어쩌다 남의 꽈쯜을 맛보자고 하면 그들은 얼마든지 먹으라고 한다. 언제 어디서든 무료할 때 까먹고 있으면 시간 가는 것을 잠시 잊을 수 있다. 그리 비싼 것은 아니지만 인색하지 않은 그들이 정겹다. 어느 때는 자신이 먼저 내린다고 하면서 꽈쩔을 두고 내리기도 한다.

착하다기보단 여유로운 마음을 가진 사람들이라는 생각이 든다. 이렇게 기차를 타고 꽈쩔을 하나씩 까먹으며 지나가는 산천의 경치를 바라보는 것도 여행에서 느낄 수 있는 여유다.

역 광장의 불빛이 희미해지고 있다.

밤이 깊어가고 있음을 느낀다. 사람들이 서둘러 역으로 모여들고 있다. 이들은 모얼따오까 기차를 타기 위해서 온 사람들이다. 시골로 가는 기차지만 장거리 이동이라 현지인들도 모두 침대칸을 요구한다. 나 역시 5일 전에 표를 예매했다. 대도시를 연결하는 기차는 15칸 정도를 달고 운행하지만 시골을 운행하는 기차는 그렇지 않다. 내가 탄 기차는 침대칸이 두 칸이고 앉아서 가는 칸이 세 칸이다. 이곳의 화물차는 약 오십 칸 정도를 달고 다닌다. 광활한 들녘을 지나갈 때는 한 마리 뱀이 꿈틀거리는 듯하다.

검은 옷의 두툼한 복장을 한 사람들이 눈발을 헤집고 하나둘 대합실로 들어간다. 대합실에 들어서니 밖이 몹시 추웠다는 생각이 들었다. 영하 30도가 넘는 추위라고 한다. 바람까지 불면 체감 추위는 더욱 혹독할 것만 같다.

기차가 역에 도착했다.

하이라얼에서 온 기차다. 사람들의 행렬에 묻혀 기차에 올랐다. 기차는 내일 아침 9시는 되어야 모얼따오까에 도착을 한다. 짐 정리를 마치고 침상에 누우려니 복무원이 와서 플라스틱 표를 주면서 나의 기차표를 가져간다.

처음 중국에서 기차를 탈 때 이런 상황에서 무척 당황한 적이 있었다. 하지만 다음 역에서 내린다면 반드시 복무원이 와서 표를 교환하면서 내릴 준비를 하라고 일러준다. 그러므로 새벽에 깊은 잠이 들어도 걱정이 없다.

차 안은 이내 소등을 했다.

기차는 따씽안링大兴安岭의 준령을 타고 북쪽을 향하여 어둠 속으로 질주했다. 사흘간 하이라얼 이민에서 쑤허네 모자와 한방에서 많은 이야기를 나누었던 기억이 떠오른다. 누추했지만 행복했던 시간이었다. 늘 몽골인의 생활을 보여주려는 쑤허의 노력이 고마웠다. 또 만날 인연을 굳게 믿고 헤어진 것이다.

이불로 온몸을 감싸니 모든 것이 포근하게 느껴진다.

기차는 가끔씩 자그마한 마을에 멈추었다. 멈출 적마다 한두 명씩 몸을 움츠린 채 어둠 속의 하얀 눈길을 종종걸음으로 사라져 갔다.

이 지역의 중심 철도는 흑룡강성의 남부와 내몽고 후뤈베이얼을 관통하는 철도. 즉, 러시아 연해주와 국경을 접하고 있는 쉐이펀허綏芬河에서 내몽고 만저우리까지 거의 일직선으로 연결된 철도이다. 이 철도는 러시아가 설치한 것으로 '중동中東철도'라고 부른다. 그 당시에는 연해주에서 중앙아시아로 식량이나 목재 등을 운반하는 주요 철도였다.

기차를 타고 가다 보면 창가로 보이는 풍경이 조금씩 다르다.

쉐이펀허에서 하얼빈까지는 우리나라 1960~1970년대의 풍경과 흡사한 산촌 마을의 정취를 느껴볼 수 있다. 하얼빈에서 내몽고 자란툰까지는 대평원의 논과 밭들을 지난다. 하이라얼을 지나 만저우리에 도착할 때는 어느새 광활한 푸른 초원의 대지가 펼쳐진다.

이 철도가 가진 역사적 의미도 남다르다.

흑룡강성과 내몽고 북부의 주요 기차역을 보면 러시아풍의 건물을 쉽게 볼 수 있는데 그럴만한 이유가 있다. 중국은 청나라 말기에 몰락의 시대를 겪었다. 이때는 유럽 열강의 각 나라들이 아편전쟁을 빌미로 주요 항구의 조차권을 취하고 있을 때다. 러시아도 이에 뒤지지 않고 흑룡강성의 철도 부설권을 얻는다. 쇠락한 청나라와의 협상이라고 했지만 사실은 일방적 강요에 의한 결과다.

우리나라가 갑오농민전쟁이라는 내란으로 혼란했던 시기에는 일본이 청나라를 공격하겠다면서 조선반도에 침략의 발을 들어놓았다. 나라가 안정되지 못할 때 늘 이런 참혹한 역사적 위기 상황을 맞는 것은 자연의 법칙처럼 보인다.

일본의 대륙 침략을 두려워한 러시아도 러일 전쟁에서 패전한다. 이후 전쟁에서 승리한 일본은 만주국이라는 이름으로 동북을 점령한다. 제2차 세계대전으로 일본이 패망한 후에야 비로소 중국은 흑룡강성을 다시 품에 안을 수 있게 된다.

우리가 동북삼성을 이야기할 때 자주 인용되는 지역명이 있다.

바로 북만주와 북간도北間島라는 지역이다. 이곳에 우리 조선인의 독립투쟁사가 서려 있기 때문이다. 북만주는 간단히 말하면 동북 삼성에서도 북쪽인 흑룡강성을 말한다. 동만주라는 러시아 영토인 연해주와 한반도 북쪽의 경계에 접한 남만주로 구별하기도 한다. 동만주는 중국 영토의 밖이라 외만주라 칭하기도 한다.

북간도는 간도 지방이라 부르기도 하는데 두만강 바로 북쪽의 지역을 일컫는다. 이곳은 조선시대부터 우리 민족이 이주하여 살았던 곳으로 알려졌다. 이처럼 동북지방은 우리에게 중국과 아주 밀접한 관계 속에서 지낸 고장이다.

중국이 흥룡강성을 품에 안은 뒤 손문의 신해혁명과 모택동의 등장으로 중·러 두 공산국가가 탄생한다. 이로써 흑룡강과 우수리강의 작은 섬들을 둘러싼 영토분쟁이 해결된다.

한번은 하얼빈에서 무딴쟝牡丹江 쪽으로 기차를 타고 가다 헝따오허즈橫道河子라는 곳에 내린 적이 있다. 이곳은 조그만 쩐鎭급의 마을이지만 눈이 많이 내리는 지역이고 호랑이 고향이라고 하는 후썅虎乡이 있기도 하다. 이곳은 러시아가 지배할 당시에 기차가 잠시 점검이나 수리를 받는 주요 철도역으로 존재했다. 그래서 러시아 철도 역사의 박물관도 잘 보존되어 있다.

내몽고의 자란툰이라는 역에 들렀을 때도 기차박물관뿐만 아니라 기념관 등이 역 주변으로 잘 보존되어 있었다. 기념관에 전시된 기차의 발전사가 바로 이곳 동북의 발전사와 맥락을 같이 하고 있다.

기차표

오늘날에는 여러 종류의 기차가 동북을 횡단하며 지나간다.

기차표에는 기차 종류에 따라 여러 가지 영문자가 쓰여 있다. 무슨 뜻인지 인터넷으로 알아본 것을 적어 두었다. 그 표기는 기차의 종류를 읽는 중국어의 병음 첫 글자를 적어 놓은 것이었다. 영문 표기가 없는 가장 느린 기차도 있지만 Y-旅遊(여행기차), T-特快(특별히 빠른 기차), K-快速(빠른 기차) L-临時(임시기차), Z-直达(직접 도착하는 빠른 기차), D-动车(아주 빠른 기차), C-城际动车(도시 간 기차), G-高铁(최고 빠른 기차) 등 종류가 다양하다. 아직까지 Y, L, Z, C라는 영문 표기의 기차표는 본 기억은 없다. 나는 주로 인민들이 이용하는 K나 영문 표기가 없는 기차를 이용했다.

복건성 복주福州에서 처음으로 'D'가 쓰어있는 기차표를 산 적이 있다. 복무원이 '똥처'를 탈 거냐 '콰이처'를 탈 거냐고 물어왔을 때

똥처가 무엇인지 몰라 당황하다 중국인의 웃음거리가 되기도 했다. 안휘성 남경南京에서도 복무원의 도움으로 자동판매기에서 상해上海로 가는 '똥처표'를 구입한 적이 있다. 이 열차는 얼마나 빠른지 시속 330㎞를 넘나들며 운행한다. 바깥을 보면 산천이나 도시들이 그림처럼 지나가는 것을 느낄 정도다.

표를 구입하고 대합실候车室로 갈 때는 버스 터미널보다 더 엄격한 짐 검사기를 거친다. 가끔은 짐 검사에서 인화성이나 폭발성 물질, 깨져서 피해를 주는 위험한 물건 등을 소지한 승객이 승차를 거부당하기도 한다.

짐 검사 후에는 적어도 출발 30분 전에 대합실에 가 있는 것이 좋다. 내가 탈 기차의 번호도 미리 알아두고 근처에 있는 것이 마음 편하다. 가끔은 기차 탑승구가 변경되기도 하는데 이때는 수많은 사람들이 몰려 이동하므로 정신이 없다. 특히 방송에서 나오는

기차를 타고

말을 잘 알아듣지 못하는 경우에는 더욱 당황하게 마련이다. 마음이 조급하고 불안해지게 되면 실수하기 쉽다.

개찰이 시작되면 기차 복무원의 지시에 따라 줄을 서서 나간다. 그런데 이 모습이 꼭 오리나 돼지를 몰고 가는 것과 비슷하다. 때로는 플랫폼에서 복무원이 유치원 아이들 줄 세우듯 승객들의 질서를 잡는 모습이 연출되기도 한다.

이들은 기차가 도착하기 전에는 절대 승객을 플랫폼으로 내보내지 않는다. 처음에는 기차가 떠나면 어떻게 하나 하고 마음이 불안한 적이 여러 번 있었다.

언젠가 어느 작은 기차역에서 황당한 일도 있었다.

나이 지긋한 분들과 젊은이들이 역으로 걸어오고 있었다. 그런데 이들은 기차를 타려는 사람들 같지가 않았다. 이유는 오는 사람마다 어떠한 짐도 들고 있지 않았기 때문이다. 그래도 대합실에 들어와 있기에 기차를 기다리는 승객으로 생각했다.

그런데 갑자기 모두들 대합실을 뛰쳐나가더니 옆의 울타리 쪽문으로 향했다. 곧바로 기차 복무원이 쪽문을 열어주자 그들은 플랫폼으로 달려갔다. 나도 배낭을 지고 무작정 그들을 따라 나갔다.

플랫폼에는 가슴에 붉은 꽃을 단 군인들이 서 있었다. 그날이 마침 부대 배치를 받고 각자 자신의 부대로 떠나는 날인 모양이다. 조금 전 대합실에서 뛰쳐나간 사람들은 군인들을 전송하기 위해서 나온 부모와 친구, 애인들이었다. 모두가 먼 길 떠나는 이별을 앞에 두고 플랫폼에서 울고 있었다. 부대 배치에서 운이 없으면 아주 먼 곳으로 배치를 받기도 한다. 흑룡강성 출신이 운남이나 티벳, 신강위그루자치구 쪽으로 가기도 한다.

저 멀리 기적 소리가 들려온다. 기차가 도착할 즈음에는 역의 복무원들도 모두 나와 각별한 의식으로 이들을 전송했다. 그들은 서로 한동안 붙잡은 손을 놓을 줄 몰랐다. 나의 눈가에도 잠시 눈물이 고였다.

침상에 누운 채로 눈을 떴다. 어둠이 지나고 차창으로 햇살이 비쳐온다. 밖을 바라보니 자작나무 숲속을 지나고 있다. 기차는 아직도 따씽안링이라는 준령을 달리고 있었다. 두 시간만 지나면 모얼따오까에 도착을 한다.

승객들이 중간역에서 많이 내렸는지 차량마다 사람이 없어 한산하다. 내 옆 침대에서 누워가던 사람도 언제 내렸는지 보이지 않았다. 세면대로 가서 얼굴을 씻으면서 거울을 보았다. 며칠 동안 깎지 않은 수염 때문에 더욱 초췌하게 보인다. 쑤허와 지낸 사흘 동안에도 귀찮아서 세수도 거르며 지냈다.

언제나 그렇듯이 나는 중국인들처럼 아침을 라면으로 먹었다. 기차 안에서는 라면 가격이 의외로 비싸다. 그래서 사람들은 기차에 오르기 전 슈퍼마켓에서 먹을거리를 준비한다.

아이를 안고 있는 아주머니에게 복무원이 뜨거운 물을 가져다주는 것을 보았다. 복무원들이 굉장히 친절하고 부지런하다는 느낌을 받았다. 가끔씩 통로를 지나면서 청소도 하고 승객의 안전이나 불편함에 늘 신경 쓰는 것을 본다. 기차를 타면서 항상 느끼는 일이다.

기차는 종착역인 모얼따오까에 도착했다.

그늘진 작은 종착역에 찬바람만 가득하다. 스무 명 정도의 승객만이 플랫폼을 서성이고 있다. 출구를 빠져나오니 마을이 보이지 않는다. 몇 대의 택시와 봉고차가 눈밭에서 손님을 기다리고 있었다.

하루 한 번밖에 운행되지 않는 기차와 이별했다. 나를 태우고 온 기차는 또 다른 나를 태우기 위해 오후에 다시 하이라얼로 떠난다. 하이라얼과 모얼따오까를 운행하는 순환기차다.

2부

드넓은
평원

．
．
．

　　　　강물은 광활한 대지를 적시며 쉼 없이 흐른다. 잠시 머무는 곳에서 호수를 만들고, 숲으로 숨어들어 계곡을 이룬다. 이 속에서 자연의 생명은 끝없이 삶과 죽음을 반복한다.

　동북의 호수는 대부분 강물이 낮은 곳으로 흘러들어 하천이나 습지를 이루면서 잠시 물이 고이는 곳에서 형성된다. 이 외에 고대의 화산 분출로 생성된 분화구에 물이 고여 생긴 호수도 있고, 파도가 출렁이고 건너편이 보이지도 않는 바다와 같은 호수도 있다.

　5월 중순 햇살을 타고 오는 먼지바람이 너무도 건조하다. 얼굴에 스칠 적마다 따갑게 느껴진다. 차간호査干湖의 물결이 앙상한 갈대숲 사이로 찰랑거린다. 이런 날씨라면 조만간 호수가 바닥을 드러낼 것만 같다.

　백두산에서 발원한 송화강의 물길을 빨아들인 차간호는 길림성 서북쪽 쑹위엔松原과 따안大安 사이에 있는 바다같이 넓은 호수다. 그래서 이 호수는 중국의 10대 담수호 중의 하나라고 한다. 여기에 어렵문화박물관漁獵文化博物館이 있을 정도로 다양한 어종이 서식하고 있다.

차간 호수

　고기를 잡는 문화도 다채로워 여름이면 배 위에서 낚시를 즐기거나 투망을 던져 물고기를 낚는다. 영하 30도가 넘는 겨울에도 얼음 속에서 그물을 건져 올리며 고기를 잡기도 한다. 이 차간호의 겨울 낚시는 오래전 몽골인들이 어렵 생활을 하면서 살아온 고기잡이로 유명하다. 겨울이 오면 이곳의 겨울 낚시는 축제이자 생계를 이어가는 하나의 수입원이 되기도 한다. 잡히는 고기는 주로 잉어가 대부분이다. 차간호에 어둠이 드리워질 즈음 길상탑吉祥塔의 종소리가 울려 퍼지고, 해 질 녘 붉게 물든 노을성 구름이 호수에 내려앉는다.

　5월의 봄. 묘인사妙因寺에서 내려다보는 차간호의 풍경은 아름답다.

따씽안링의 끝자락에 위치한 아얼산阿尔山은 차간호 방향에서 오는 기차의 종착지이다. 아얼산에 가기 전 중간 기착지인 우란하오터乌兰浩特에서 청지쓰한링成吉思汗陵과 유명한 라마사찰인 갈근묘葛根庙를 둘러보았다.

내몽고에는 아시아 역사상 가장 위대한 정복자인 칭기즈칸의 무덤이 있다. 내몽고 성도인 후허하오터呼和浩特에서 가까운 어얼뚜어스鄂尔多斯라는 곳에 있는 룽陵이 가장 규모가 크다. 그리고 이곳 우란하오터에 있는 룽陵도 그에 못지않게 웅장함을 자랑한다. 내가 갔을 때 많은 학생들이 견학차 다녀가면서 말을 탄 칭기즈칸의 동상 앞에서 기념사진을 남기고 있었다.

라마사원인 갈근묘로 갈 때는 오후의 해가 기울 무렵이었다. 이 사원에서 일 년 중 최고로 성대한 행사가 있다고 한다. 버스를 타고 사원을 찾아가는 도중에 함께 가는 동행인도 만났다. 갈근묘에 도착하여 숙소를 알아보니 큰 법당 양쪽 옆 건물에 매트리스가 각각 100여 개씩 나란히 놓여 있었다.

여자 신자의 숙소에는 사람이 많았지만 남자 신자의 숙소에는 사람이 열 명도 되지 않았다. 행사가 내일 있는 줄 알고 갔지만 이틀 후에 있다고 한다. 이틀을 이곳에 머물 여유는 없었다. 그래서 오늘 밤은 여기 절에서 지내고 떠나기로 마음을 먹었다.

건조한 바람이 스쳐 가고 그림자가 길게 드리우는 오후에 사원을 산책했다. 사원 뒤에 좌상의 불상이 경내를 내려다보고 있다. 저녁이 되어 광장 같은 법당에 누워 잠을 뒤척이고 있었다. 평생에

절에서 하룻밤을 보낸다는 인연이 이렇게 올 줄 몰랐다. 법당 뒤의 불상이 나를 보고 말한다.

스스로 남에게 잘한 것만을 기억해서는 안 된다고, 누구를 시험하거나 마음 상하게 한 일은 없는가를 먼저 생각하라고, 자신의 마음까지 속이면서 남의 번드르르한 말에 편승해서 행동한 적은 없는지 먼저 살피라고, 남의 약점을 이용하여 이득이나 편안함을 취하고, 소문으로 타인의 행동을 결정하여 버리는 일은 하지 않았는가를 살피라고 말씀하신다.

내가 남을 가벼이 생각하면 남도 나를 가볍게 대하는 것은 당연한 이치이다. 질병을 얻기는 쉬워도 고치기는 어렵듯이, 인간의 마음도 돌아서기는 쉬워도 돌아오기는 어렵다. 힘들게 사는 이 시대에 조금만 이를 경계해도 우리는 불자라 말할 만하다.

법당의 침상에서 나를 되돌아보고 반성하는 시간이었다.

아침 일찍 법당 뒷산을 올랐다. 어제 멀리서 본 불상이 온화한 얼굴로 가까이 다가왔다.

네모가 세모와 합치려면 자신을 얼마나 도려내야 하며, 세모가 둥글게 되려면 또 얼마나 자신의 모서리를 긁어내야만 하는가. 부부가 서로를 이해하는 데 얼마나 오랜 시간이 걸리는지 살면서 절실하게 느낀다. 하물며 이해관계가 얽힌 타인과의 관계는 오죽하겠는가. 그래서 평생 같이할 진정한 친구 한 명만 있어도 행복하다 말한다.

관중과 포숙아, 장의와 소진, 그리고 종자기가 세상을 뜨자 자신의 금(琴)을 부숴 버린 유백아가 그립다. 슬픈 이별이 있어 사랑이 소중하듯이 죽음이 있어 삶 또한 소중한 것이다. 한동안 부처님 말씀에 귀 기울인 시간이었다. 성대한 행사를 보지 못하고 아쉽게 갈근묘 사원을 뒤로하고 아얼산으로 떠났다.

아얼산은 시市라고는 하지만 규모는 현縣 정도도 되지 않는 조용하고 아늑한 도시다. 이곳에서는 5월의 짙은 분홍색의 두견화가 만발하는 두견호라는 넓은 호수와 아직도 녹지 않은 얼음 계곡을 함께 감상할 수 있다.

5월 말인데도 아침저녁으로는 서늘한 기후를 보인다. 산기슭에서 내려오는 광천수가 바로 개울로 흘러든다. 사람들은 언제나 커다란 플라스틱 통이나 빈 병 등을 가지고 가서 손쉽게 그 물을 식수로 담아온다. 도시를 가로지르며 시원하게 흐르는 개울을 따라 산책로도 잘 조성되어 있다.

아얼산에는 스키장도 가까이 있다. 겨울에는 중국의 스키 선수들이 훈련을 하기 위해서 이곳을 찾는다고 한다. 주변에 천지天池라는 유명한 풍경구도 있어 여행자의 발길이 늘 끊이질 않는다.

이곳은 내몽고 후뤈베이얼 지역에서 온천으로도 아주 유명하다. 온천박물관에서 온천욕을 즐겼다. 모든 피로를 다 날려버리는 듯한 상쾌한 기분이다. 비싼 요금이라고 너무 오래 있었는지 숙소로 돌아오자마자 금세 곤한 잠에 빠져 버렸다.

다음으로 자란툰과 아얼산 중간에 차이허紫河라는 작은 마을이 있다. 이곳은 몇 개의 작은 분화구가 호수로 되어 있다. 숲속에 동그란 거울처럼 보이는 호수들은 초록의 봄과 여름, 단풍의 가을, 그리고 하얀 겨울의 아름다운 사계절을 모두 담아낸다.

그중에서도 가장 아름다운 월량천지月亮天池라는 호수가 있다. 이곳을 찾는 여행자들은 달이 비치는 호수를 보기 위해 이른 새벽부터 산을 오르기도 한다.

호수 주변으로 향기 그윽한 들꽃들이 만개하면 더욱 아름다운 장관을 감상할 수 있다. 노란색과 붉은색을 함께한 백합꽃이 새벽 이슬을 털고 햇살을 받으며 일어날 때는 싱그러운 자연에 도취되기도 한다. 아얼산이나 자란툰 도시에는 이 호수의 사진들이 벽보처럼 곳곳에 붙어있다. 이 사진을 본 여행자들은 그쪽으로 발길을 옮기지 않을 수가 없다.

화산 분화구들이 생성되어있는 또 다른 지역이 하나 있다.

차이허의 월량천지

흑룡강성의 오대련지五大连池를 중심으로 넓게 걸쳐있는 크고 작은 분화구들이다. 흑룡강성은 현재 대부분 평야로 이루어져 있지만 고대에는 화산이 분출된 시기가 있었다. 호수와 용암석이 즐비한 오대련지라는 곳은 일찍이 화산지대로써 많은 분화구를 만들었고 그 분화구가 지금까지 존재하고 있다. 오대련지를 여행하면서 가장 인상에 남은 것이 하나 있다. 엄동설한에도 얼지 않는 원보溫泊라는 곳이 있는가 하면, 한여름에도 녹지 않는 얼음 동굴인 수정궁水晶宮이라는 곳이 공존한다는 점이다.

많은 분화구 중에서도 노흑산老黑山이라는 분화구가 제일 으뜸이다. 한겨울 노흑산 정상에 피어난 눈꽃과 얼음꽃을 따라 걸었던 기억도 새롭다. 초지의 말라버린 풀에 핀 눈꽃은 설화雪花라 부르고, 나뭇가지에 핀 얼음꽃은 빙화冰花라고 불러 주었다.

또 하나 특이한 것은 이 화산지대를 중심으로 '마나오碼礎'라는 수석이 산출된다는 점이다. 중국에 옥玉이 생산되는 지역으로는 신강성의 허티엔和田과 하남성의 난양南阳, 그리고 요녕성의 쎠우엔岫岩이라는 곳이 유명하다. 운남의 루이리瑞丽 옥은 대부분 접경지인 미얀마에서 들여와 가공한 것이다.

그런데 마나오라는 수석은 대부분 흑룡강성에서 산출되고 있다. 이 수석은 색깔이 흑색, 백색, 황색, 붉은색 등 여러 종류이다. 산에서도 출토되지만 주로 강을 따라 출토된다. 러시아와 경계를 이루는 헤이허黑河와 쉰커逊克, 그리고 넌쟝嫩江 유역을 따라 많이 출토되고 있다.

이곳의 도시들을 가보면 마나오 수석을 거래하고 있는 상점들을 곳곳에서 볼 수 있다. 대부분 주먹만 한 크기의 작은 마나오를 길거리에 벌려놓고 팔고 있다. 특히 마나오의 집산지라 불릴만한 쉬커라는 곳은 거리 한쪽이 모두 마나오를 거래하는 상점으로, 사람들이 늘 북적인다. 이곳의 마나오 수석관에서 축구공 크기의 마나오를 감상했는데 1억 원이 넘는 수석도 즐비하다. 마나오 가공품은 옥과 비슷하게 목걸이, 팔찌, 인장 등 소품들이 대부분이다. 가끔씩 부처나 동물 등을 조각해 놓기도 한다.

마나오수석

마나오를 사고팔 때는 플래시로 비춰 본다. 수석 안의 투명함이나 색깔, 무늬를 본다. 옥은 모조품이 많은 데 비해 마나오는 그렇지 않은 것 같다. 주말이면 도심의 일정한 장소에 마나오를 팔고 사는 사람들이 약속이나 한 듯 모여든다.

동북 지역의 여름이 언제나 시원한 날씨를 보이는 것은 아니다. 이곳도 무더운 오후에는 사람들이 그늘에서 쉬고 싶어질 정도로 덥다. 특히 강우량이 많은 시기에는 평원에 습지가 생겨난다. 그러면 잠시 후덥지근한 더위를 맞기도 한다.

습지는 생태계의 순환과 자연환경에 아주 중요한 역할을 한다. 습지에는 많은 곤충이나 벌레가 있어 새들이 찾아온다. '학鶴의 도시라고 불리는 치치하얼에는 자룽扎龙습지라는 유명한 곳이 있다. 배로 갈대 우거진 호수를 다닌다. 우거진 갈대숲이 바람에 너울거리면 뱃머리도 방향을 잃고, 숲 사이로 난 오솔길도 덩달아 춤을 춘다.

넓은 공간에 사람들이 붐비고 있다. 언덕 저편에서 학이 날아오르는 장면을 보려고 많은 사람들이 기다린다. 사진작가들은 한순간도 놓치지 않으려고 질긴 인내를 감수한다. 학이 날아오르는 순간 사람들은 함성을 지르고 카메라 셔터는 쉴 새 없이 눌린다.

치치하얼 자룽扎龙습지

동북의 서쪽에 있는 달라이호达赉湖나 동쪽에 있는 씽카이호兴凯湖는 바다와 같은 호수다. '달라이'라는 이름이 본래 몽고어로 '바다'라는 의미라고 한다. 중국과 러시아가 경계를 이루고 있는 씽카이호는 우수리강의 발원지로도 유명하다. 호숫가로 백사장이 넓게 펼쳐져 있어 내륙의 해변이라 불릴 정도로 여름에는 많은 사람들이 찾는다. 평야지의 홍수 예방과 용수관리를 위한 수문 시설이 있어 농업용수로도 이용하고 있다.

2015년 여름 흑룡강성 최북단에 있는 베이홍北红에서 흑룡강이 끝나는 최고 동쪽에 위치한 푸위엔抚远까지 흑룡강변을 따라 이동했다. 러시아와 경계를 이루며 4,400㎞를 달리는 흑룡강을 굽어보는 풍광이 참으로 장관이다.

오후 해 질 녘이 되면 강물을 따라 나룻배들이 한두 척씩 오르내린다. 배 주인은 고요한 강물에 투망질을 한다. 강가의 여름 숲에서는 메뚜기, 방아깨비 같은 벌레 울음소리가 들리기도 한다. '곤충의 울음소리가 가까이 들리면 비가 온다.'는 것이 정말일까? 먹장구름이 바람을 타고 강 건너 산을 넘어온다. 몇 가구 안 되는 작은 마을의 주민들이 일하던 일손을 놓고 집으로 돌아와 널어놓은 옷가지를 걷느라고 바쁘다. 풀숲을 노닐던 닭이나 오리들도 제 집을 향하여 바삐 서둘러 돌아온다. 비를 뿌리면 이내 인기척도 들리지 않는 침묵만이 흐르는 조용한 강변의 마을이다. 옥수수 잎으로 떨어지는 빗방울 소리가 요란하다. 후드득 쏟아지는 장대비가 더위를 식혀 주었다. 잠시 후 맑아진 파란 하늘가에는 하얀 뭉

후마呼瑪의 화산画山에서 본 흑룡강

게구름이 꽃망울처럼 피어올랐다.

흑룡강변 후마呼瑪에는 제일의 풍광을 자랑하는 화산画山이라는 산이 있다.

숲길을 걷는 동안 야생화와 버섯의 냄새가 그윽하게 다가온다. 내려다보이는 강물은 작은 섬들을 만들며 용의 허리인 양 꿈틀거리며 흐른다. 산 정상에서 굽어보는 흑룡강 저편의 러시아 땅은 고요하기 그지없다. 흑룡강을 사이에 두고 무역이 이루어지는 도시가 아니면 러시아 건물이나 사람들을 볼 수가 없다. 한동안 정상에 앉아 벗 삼아 흘러가는 흰 구름을 바라보고 있었다. 정처 없이 흐르는 구름과 유랑의 길을 떠나온 나와 그리 다를 것도 없어 보인다. 따가운 햇살을 타고 불어오는 한 줄기 바람이 더없이 고맙다.

버스를 타고 흑룡강변을 따라 헤이허로 향한다. 끝없이 이어지는 녹색의 옥수수밭이 시야를 가린다. 차창을 통하여 농촌 들녘의 풀냄새가 짙게 풍겨온다. 저녁 무렵이 되면 흑룡강변에 매일매일 모양을 달리하는 구름조각들이 붉은 노을을 타고 내려앉는다.

내가 가진 모든 짐을 털어버리고 떠나온 여행이다. 오늘따라 왠지 마음이 가벼워 한없이 날아갈 것만 같다. 오늘도 강변의 광장에서 춤추는 그들과 함께 흔들거려본다.

동북지역은 대부분 평지라고 하지만 협곡이라 불리는 곳도 있다. 바로 헤이허의 금하대협곡錦河大峽谷이다. 빽빽이 늘어선 나무들 사이로 새 울음소리를 들어가며 한참을 걸어 다닌다. 잠시 멈춘 곳에서 아래를 내려다보았다. 숲 사이로 잠깐씩 드러낸 물줄기가 수줍은 듯 숨어버린다. 개울을 찾아 아래로 내려가 본다. 개울의 맑은 물에 발을 담그니 그동안 쌓인 피로가 다 사라지는 듯하다.

나비와 동행하는 푸른 숲길에 하얀 나무 기둥이 그림처럼 펼쳐진다. 바로 자작나무다. 숲속 곳곳에는 알 수 없는 야생화가 만발하고 버려진 듯 활짝 피어있는 버섯들이 군락을 이룬다. 저 멀리 언덕에는 보랏빛 꽃을 피운 도라지밭이 넓게 펼쳐져 있다.

헤이허는 흑룡강을 사이에 두고 러시아와 교역이 이루어지는 최대 도시이다. 이곳에서는 건축물이나 음식, 생활용품 등 러시아 풍속의 것들을 쉽게 접한다.

헤이허에서 다시 흑룡강을 따라 내려가면 '공룡의 고향'이라 불

리는 쟈인嘉荫이라는 현縣이 있다. 공룡박물관에 들렀다. 입구서부
터 공룡의 조각상들이 즐비하다. 박물관에 들어서면 거대한 공룡
표본이 관람객을 압도한다. 공룡의 탄생과 소멸, 그리고 공룡의 생
활사를 자세히 기록해 두었다.

　이곳에도 협곡의 형태를 이룬 마오란꺼우茅兰沟라는 풍경구가 있
다. 옷을 벗어 던지고 계곡물에 몸을 담가 잠시나마 오후의 더위
를 잊어본다. 숲속에서는 매미의 '찌르르' 하는 울음소리가 요란하
다. 어떤 동물이든 생물이든 그 울음소리는 시끄럽거나 지루하지
가 않다. 신이 준 자연의 소리이기 때문이다.

　흑룡강을 따라 아래로 아래로 강물따라 흘러갔다.

　흑룡강성 동남부에 삼강三江이 합쳐지는 곳으로 유명한 쟈무쓰佳
木斯라는 도시가 있다. 더 자세히 말하면 세 개의 강이 행정구역상
쟈무쓰 관할지역으로 모여지는 것이다. 즉, 삼강은 러시아와 경계

자인嘉荫의 공룡박물관

후터우야오싸이虎头要塞의 기념관

를 이루는 동북쪽의 흑룡강과 동남쪽의 우수리강, 그리고 백두산
에서 발원하여 길림성을 지나 흘러오는 송화강을 말한다.

이 지역을 여행하다 흑룡강성 동부에 있는 후린虎林이라는 지역
을 다녔다.

후린시에서 멀지 않은 곳에 후터우虎头라는 마을이 있다. 후터우
는 우수리강을 사이에 두고 러시아 연해주와 경계를 이루고 있는
곳에 위치한다. 강변을 따라 걷는 산책로 길은 한적하기 그지없다.
저 멀리 러시아 순시선이 한두 척씩 오가고 있다. 그런데 이 후터
우는 비운의 역사를 가지고 있다.

첫 번째로 후터우에는 후터우야오싸이虎头要塞라는 일본군 요새가

있었다. 일본이 만주지역을 점령하고 러시아 침공을 대비하기 위해 보낸 일본 관동군, 즉 가장 악랄했던 731부대가 주둔한 요새다.

이 요새의 지하갱도를 만들기 위하여 6년여에 걸쳐 약 20만 명의 중국 노동자가 징용되었다. 여기에는 우리 한국인도 다수 포함되어 있다. 이 요새의 길이는 35㎞에 달하며 지하의 내부는 군인의 가족과 군사 활동을 하기 위한 모든 시설이 갖추어져 있다. 게다가 주변으로는 포진지와 비행장, 병원까지 갖추었으니 그 당시 난공불락의 요새라고 할 만하다. 외부의 지원이 없이도 반년을 버틸 수 있다 하니 그들의 전쟁에 대한 준비성에 가히 놀라지 않을 수 없다.

1945년 8월 15일 일본의 항복 선언이 있었던 후에도 일본군은 열흘간이나 러시아군과 치열하게 싸웠지만 요새는 결국 함락되었다. 수많은 중국 노동자들에게 생체실험과 악랄한 희생을 강요한 대가였는지도 모른다.

항일전쟁사 박물관에는 무고하게 죽어간 중국 노동자의 처참한 생활상이 사진으로 전시되어 전쟁의 비극을 그대로 보여주고 있다. 그리고 아이러니하게도 이 전쟁에서 희생된 소련군 병사의 이름까지 기록하여 그들을 애도하고 있다. 매년 이날을 기념하기 위해 추모식이 열리면 러시아도 참석한다고 한다.

다음으로 일어난 전쟁이 중·러 전쟁이다. 후터우에서 우수리강을 따라 북으로 가면 우린똥五林洞이라는 작은 마을이 있다. 이곳에서 멀지 않은 곳에 우수리강을 사이에 두고 쩐바오따오珍宝岛라는 섬이 있다.

우린똥에 도착하니 애석하게도 빗방울이 떨어지기 시작했다. 이곳에 오기 전부터 현지인들은 강물이 불어 섬을 볼 수가 없다고 했었는데 고집을 부려 온 것이다. 하지만 더 이상은 어쩔 수가 없었다.

쩐바오따오에서 일어난 전쟁의 발단은 너무 기가 막힌다. 인터넷에서 본 내용이 재미있어 그 내용을 간추려봤다.[1] 시작은 너무도 사소하다. 홍수로 물이 불어나면 쩐바오따오의 일부 지형이 바뀌곤 한다. 이로 인하여 중·러 양국의 섬에 대한 영토 주권의 양측 주장이 매번 엇갈리는 것이다. 물론 그 배후에는 공산주의 패권을 다투는 모택동과 흐루시초프의 이념적 갈등도 한몫했다.

중국인 병사의 삿대질에 주먹 싸움이 오갔고 패싸움으로 번졌다. 이후 몇 차례 더 주고받은 싸움 끝에 수천 명을 동원해 총격전에 이은 기갑전을 전개한다. 중국군은 아예 수만 명을 동원해 대규모 전투를 시작했고, 러시아군 역시 최신 병기로 맞섰다. 여기서 중국군은 연대 규모의 사상자가 발생했고 러시아군 역시 다수의 사상자가 났다.

이렇게 자존심을 건 두 공산국가의 전쟁이 더 크게 번지려 할 때였다. 동유럽의 체코에서 '프라하의 봄'이라는 자유화 물결이 밀어닥쳤다. 러시아로써는 중국과의 국경 분쟁보다 동유럽의 방어막인 체코에 부는 민주화의 물결을 잠재우는 과제가 더욱 시급했다.

---

1) 주소는 http://blog.naver.com/armada1588/220007342290이다.

흐루시초프는 이를 해결하고 서방과 싸우던 민족주의자인 호찌민의 죽음을 애도하러 베트남을 들른 후 중국을 방문한다. 그는 모택동을 만나 어렵지 않게 우수리강 분쟁의 타협을 보았다.

'일은 사소한 데서 생기고 화는 참지 못하는 데서 온다.'는 구절이 이를 두고 하는 말인가 보다. 우리네 인간사회도 마찬가지다. '저 사람! 저거!' 하면서 비아냥거리듯 손가락질하지 말자. 솔직히 말해서 저는 얼마나 잘났는가…….

이 사건으로 중국은 더 이상 러시아를 믿지 못하게 된다. 여기서 우리는 국가의 이념이 국가의 이익을 넘지 못한다는 것을 배울 수 있다.

애초에 중·러 양국은 공산주의에 대한 생각도 달랐다. 소련은 노동자 중심, 중국은 농민 중심의 이념 체계를 표방하고 있다. 역사의 우수리강은 이렇게 슬픈 기억을 안고 오늘도 북으로 향한다.

8월 중순 쟈무쓰 강변의 광장에서 한국, 중국, 러시아 3개국이 국제여유절国际旅游节이라는 행사를 했다. 벌써 제24회째 열리는 행사다. 여행 철을 맞아 3개국이 문화를 교류하는 공연이다. 오랜만에 한국어로 말하는 사회자를 보니 무척 반갑다.

이곳 쟈무쓰는 샤오씽안링小兴安岭의 끝자락에 위치하고 있다. 통쟝同江시 일대와 맞물려 광활한 곡창지대인 삼강평야를 이룬다. 여름이면 많은 사람들이 강변을 산책한다. 밤이 되면 거리와 건물들의 화려한 네온사인이 오색의 빛을 발한다. 러시아풍의 건물들이 네온사인에 휩싸이면 이국적인 색채가 짙게 드리워진다. 가끔은

아이훼이瓓珲의 지청知靑 박물관

강변의 광장에서 공연도 있다. 이럴 때면 수많은 사람들이 여름 강변에 모여든다.

이곳이 예전에는 황무지였다는 것이 믿기지가 않았다. 황무지로 있을 때는 반딧불이 같은 작은 곤충에서부터 늑대, 곰 같은 동물들까지 산에서 출몰하여 사람을 해하기도 했다고 한다. 반세기 전의 이야기다. 지금은 그 당시의 이야기가 전설 이야기처럼 들린다.

시간 속에 모든 것은 항시 변한다. 세상은 잠시도 멈추지 않는다는 것을 재차 실감한다. 아니, 이 세상에 고정되어 존재하는 것은 없다. 상전벽해桑田碧海라는 말이 자주 회자되는 이유이기도 하다.

길지 않은 여름이 가고 오곡이 무르익어가는 가을이 찾아 왔다.

추수를 준비하는 9월에는 평야가 온통 황금물결을 이룬다. 흑룡강성의 평야는 예전에 황량한 불모지의 땅으로 있었다. 게다가 습지도 많아 농경지를 조성하는데도 어려움이 많았다고 한다.

1960년대 우리나라에 새마을 운동이 한창이었을 때, 이곳 흑룡강성에서도 농촌개혁운동이 있었다. 그 이전에는 '북대황'이라는 이름으로 존재했다. '북대황'이란 흑룡강성의 넓은 평야가 황무지로 있었을 때 불리던 이름이다. 농촌개혁운동이 있기 전까지는 사람들도 그렇게 많이 살지 않았다. 개혁운동이 한창이던 시기에 주로 산둥성과 상해 사람들이 많이 이주해 왔다. 지금도 그들의 원래 고향을 물으면 산둥성이라는 사람들이 많다.

그날의 역사를 기리기 위해 헤이허에서 가까운 아이훼이瑷珲에 지청知青박물관이 설립됐다. 스무 살 갓 넘은 청년지식인들이 황무지의 땅인 이곳을 개간하고 농민들에게 농업 기술을 보급했다. 그뿐만이 아니다. 그들의 활동은 농촌의 주거 및 농촌 생활을 개선하고, 육아 및 의료시설을 제공하는 데도 기여했다. 이 박물관은 이들의 노고를 영원히 잊지 않는다고 서두에 기록해 두었다.

흑룡강성에는 따칭大庆 지역을 중심으로 중국 최대의 유전지대가 있다.

48세의 젊은 나이로 생을 마감한 왕진희王进喜는 석유 시추법을 개발하는 데 일생을 바쳤다. 따칭에 가면 그의 업적을 기리고자 거대한 석유과학관을 건립해 놓았다. 젊은이들의 농촌개혁의 노고를 기리기 위한 지청박물관과, 평생을 석유 개발에 바친 한 인물을 위한 석유과학관이 오늘날 흑룡강성의 발전을 말해주고 있는 듯하다. 하지만 다행인지 불행인지 이곳의 식량과 유전은 중앙 정부가 관리하고 있다.

우연히 내몽고와 인접해 있는 넌쟝嫩江을 경유해 싼허山河농장을 구경할 기회가 있었다. 넌쟝 가까이에는 져우산九三이라는 작은 도시가 있다. 이곳은 작물종자 생산기관, 농업과학 박물관 등 농업 발전에 관한 기관들이 있어 농업도시로서의 역할도 톡톡히 하고 있다.

넌쟝과 져우산 주변으로는 집단농장이 많이 분포해 있다. 싼허농장을 찾아가는 길에는 넓은 평원에 초지뿐 아니라 콩과 옥수수밭이 끝없이 이어진다. 아주 작은 집들이 집단을 이루어 살고 있는 촌락들도 여기저기 보인다.

이들의 농업기관의 조직도를 보면 여러 단계로 구성되어 있다. 조직은 '대队-분장分场-농장农场-농간국农垦局-농간총국农垦总局-농업청农业厅-농업부农业部'의 단계로 되어 있고, 농업부는 북경에 있다.

이들은 아침 햇살이 초원을 비추면 젖소와 양 떼를 데리고 풀을 먹이러 초지로 떠난다. 저녁 해가 기울면 젖소와 양 떼들은 집을 찾아 돌아온다. 나에게 목가적으로 느껴지는 그곳의 분위기가 그들에게는 살아가는 생활 방식일 뿐이다. 9월 초순인데도 아침저녁으로는 한기가 몸을 스며든다. 밭둑길을 걷다 보면 이름 모를 들꽃이 바람에 떨고 있다. 어느새 풀잎에 맺힌 이슬방울이 바짓가랑이를 파고든다. 들녘 어디를 가도 화산 분출로 인하여 생성된 야트막한 평정산平定山은 평원 속에서 머리를 내밀고 있다. 매일 어둠이 오기 전 붉게 물든 노을을 바라보며 이곳에서 사흘을 보냈다.

흑룡강성 농장

　저녁이면 투박한 두부와 밀가루 빵, 그리고 약간의 돼지고기를 곁들여 고량주를 한 잔씩 마셨다. 농촌의 훈훈한 인심과 아름다운 자연에 파묻힌 시간이었다. 『북대황』이라는 글을 떠올리며 나를 생각해 보았다.

　동북의 가을은 그리 길지 않다.

　짧은 기간의 가을이 동북인들에게는 더 애절하게 느껴진다. 황금물결을 이룬 평야를 바라보는 농민들은 작물을 수확할 준비를 하느라 바쁘다. 9월 말쯤에는 농민들이 농작물 수확기를 점검하고 수리한다. 주로 재배되는 작물은 밀과 벼, 옥수수, 감자, 콩 등이다. 때마침 수확기인 콤바인이 줄지어 황금물결을 누비고 지나간다. 벼 이삭의 잡티들이 먼지처럼 바람에 흩날린다. 밀과 콩은 벌써 수확을 끝낸 시기이다. 끝이 보이지 않는 중국 최고의 곡창지대라는 것을 실감한다.

트럭이 곡식을 싣고 가는 곳은 저장창고이다.

저장창고는 원형의 둥근 통으로 이루어져 있다. 이 창고는 주로 운송이 용이한 기차역 가까이에 있다.

러시아와 국경을 맞대고 있는 쉰커라는 곳에 갔었다. 눈이 내린 들녘에는 앙상한 옥수숫대가 아직도 정리되지 않고 있었다. 꽁꽁 얼어버린 흑룡강변에 규모가 유달리 커 보이는 양식창고가 있다. 특별히 국가가 관리하는 곳이라고 한다.

옥수수 수확

수확한 사료용 옥수수는 각 가정의 마당에 쌓아 놓는다. 산더미처럼 쌓인 옥수수는 보기만 해도 가을의 풍성함이 넘쳐나는 듯하다. 수확 철이 되면 농촌의 도로변에 참새들이 떼를 지어 마을을 움직인다. 길바닥에 버려진 이삭을 찾아 나선 것이다. 제일 마지막으로 수확되는 것이 옥수숫대이다. 사료로 쓰일 옥수숫대는 저녁에 수확을 한다. 낮에 햇살로 인하여 너무 건조하면 수확할 때 부스러기로 버려지기 쉽기 때문이다.

작물이 수확되는 시기에는 노루 같은 동물이 논밭을 거닐기도 한다. 사람들을 만나도 느릿한 동작으로 엉덩이를 보이며 숲속으로 들어간다. 어릴 적 보았던 평화로운 마을 풍경이 나도 모르게 머릿속에 떠오른다.

흑룡강성에는 가장 발전된 신흥농업지역이 있다.

마을 이름이 흥십사촌興十四村이라고 하는 계획적으로 조성된 촌락이다. 치치하얼 북쪽의 간난甘南이라는 도시에서 멀지 않다. 이 마을은 흑룡강성 정부가 특별히 지정한 농업지역으로 관리되는 곳이다. 마을 입구에 들어서면 제일 먼저 전람관이 눈에 보인다. 우리나라 새마을 운동의 상징인 황소가 이곳에서도 크게 동상으로 만들어져 있다. 역시 황소는 끈기와 인내, 근면의 상징이다.

마을의 가옥들은 유럽식 발코니 모양의 베란다를 가지고 있다. 모두가 똑같은 형태의 이 층 건물이다. 가옥 한 채 한 채마다 숲으로 둘러싸여 있어 전원적인 풍취를 자아내고 있다.

현지인의 말에 따라 현대식 건물의 온실을 참관하러 갔다. 중국에서는 우선 건물의 규모에 압도당한다. 문에 들어서니 여자 두 분이 다가왔다. 이곳의 복무원이다. 참관을 하고 싶다는 나의 말에 흔쾌히 응해 주었다.

화훼 재배단지

온실의 입구에는 전시된 농작물 외에 관광객에게 판매하는 농산물을 전시해 놓았다. 안내를 받으며 제일 먼저 들어간 곳은 호접란을 키우는 온실이다. 하얀색, 연분홍색, 붉은색 등의 꽃이 만개한 채 온실을 가득 메우고 있다. 화훼를 재배하기 위한 온·습도 조절이라든지 양·수분을 제공하는 살수장치 등이 잘 되어 있었다. 방울토마토가 재배되는 곳에서는 손수 따서 맛보라고 건네주기까지 한다.

각종 화훼와 채소를 가꾸는 온실의 규모는 학교의 커다란 운동장 정도 된다. 농업을 배우러 연수를 오는 사람들이나 관광객을 위한 주차시설까지 합치면 우리나라의 농업학교 정도의 크기다.

일반 개인이 하는 비닐하우스에는 딸기를 재배하고 있다. 농민 한사람이 약 5~7동의 비닐하우스를 갖고 있다. 평균 월수입은 만 원 정도 된다고 하니 도시의 근로자도 부러워할 정도다.

도시의 삶에 지친 사람들은 주말을 맞아 각종 행사에 참여하거나 주변으로 여행을 떠난다. 일상의 지루한 생활을 벗어나 각기 저마다의 취미활동을 즐긴다. 강변이나 호숫가에서 천렵이나 낚시를 즐기기도 한다. 산으로의 여행도 스트레스를 해소하고 건강을 유지하는데 좋은 활동이다.

동북에는 샤오씽안링과 따씽안링이라는 준령이 있다. 이 준령을 따라 우거진 숲들이 도시 근교에서는 공원이라는 이름의 휴식 공간으로 이용된다. 샤오씽안링의 이춘伊春지방을 중심으로 삼림공원이 많이 있다. 오색의 단풍이 들면 파란 하늘, 하얀 구름과 조화를 이루어 아름다운 자연을 선사한다. 이때 사람들은 '우화쑤五花树'라는 말을 자주 사용한다. 우화쑤라는 말은 직설적으로 말하면 '다섯 가지 색을 보이는 나무'라는 뜻이다. 결국 가을에 아름다운 단풍이 든 나무들을 표현한 말이 된다. 우리나라 사람이 즐겨 먹는 삼겹살을 이곳 사람들이 '우화러우五花肉'라고 하는 것과 같다.

시월 초순 쟈거다치加格达奇라는 도시를 찾았다.

쟈거다치의 온한대 식물원

샤거다치는 치치하얼에서 기차를 타고 7시간 정도 걸리는 곳에 위치한다. 샤거다치는 지리 분포상 온대와 한대 기후가 겹쳐지는 곳이기도 하다. 그래서 따씽안링의 온한대 식물이 함께 자생하고 있는 식물원이 있는 곳으로 알려져 있다. 역에 내리니 화물차들의 스피커 소리가 요란하다. 마침 너허呐河지방에서 산출되는 감자를 한 자루씩 팔고 있다.

공교롭게도 찾아간 시기가 너무 늦었다.

하늘을 찌를 듯이 곧게 자란 낙엽송은 벌써 잎을 떨어뜨리고 있다. 햇빛에 반사된 잎새들이 금빛 바늘이 되어 어깨에 내려앉는다. 파란색의 잔잔한 호수에는 물새들이 물을 튕기듯이 박차고 날아오른다. 주변으로는 자작나무 군락지가 곳곳에 흩어져 있다. 겨울나기를 위해 참나무 사이를 헤집고 다니는 다람쥐는 도토리 열매를 줍느라 분주히 돌아다닌다. 산책을 즐기는 사람들, 운동하려고 자전거를 타고 나온 동호인들이 공원 주변을 누비고 다닌다. 모두가 얼마 남지 않은 가을의 몸부림일지도 모른다.

어김없이 오는 겨울이 찾아왔다.

첫눈이 내리면 가을의 화려한 풍광도 사라지고 온 세상은 하얀 백색의 은빛으로 물든다. 어느새 낙엽을 밟던 '사사삭' 소리는 사라지고 눈길을 걷는 '뽀드득' 소리로 변해 버렸다. 아침 햇살 아래 길을 나서면 눈이 부시다. 파란 하늘과 은색의 설경을 보고 있으면 거리 감각을 상실하고 만다. 숲속의 눈길을 걸으면 눈의 세계에 묻힌 한 폭의 설경화를 만난다. 가끔씩 불어오는 시베리아의 바람은 은빛의 눈꽃을 너울너울 춤추게 한다.

수천 리 이어지는 강물도 얼어버린다. 이럴 때는 러시아와의 국경 경계선도 분명치 않다. 여름에 후마 지역을 여행할 때 그곳 주민으로부터 들은 이야기가 생각난다. 옛날에는 강물이 얼어버리면 러시아 사람이 강도로 변해 가축이나 식량을 약탈해 갔다고 한다.

하지만 혹독한 추위와 싸워야 하고 가축의 식량을 걱정해야 하는 데다 약탈자로부터의 방비까지 필요한 겨울이 그렇게 슬프지만은 않다. 농촌이나 산촌에 사는 사람들은 겨울의 농한기를 이용하여 결혼식을 올리곤 하기 때문이다. 친지의 결혼식이 있으면 아무리 추워도 몇십 리 눈 쌓인 길을 걸어가기도 한다. 이들은 젊은 연인의 결혼을 축하하는 마음보다 오랜만에 만나는 친척과 고향 친구들에 대한 그리움이 더 클지도 모른다.

가끔 강물이 얼지 않아 급격한 추위 속에 대기 중의 수증기가 서리로 변하면 나뭇가지에 아름다운 눈꽃을 피운다. 이것을 중국인들은 '우송霧凇'이라고 한다. 우송이란 대기의 기온이 급격히 내려가면서 나뭇가지에 있는 서리가 결빙되어 생기는 것을 말한다. 우송은 겨울 나뭇가지에 생기면서 백색의 빛을 발하여 사람들을 매료시킨다.

이곳의 나무들은 가지들이 약간씩 늘어지는 위수楡樹(느릅나무)와 러우수柳樹(버드나무)들이라 더없이 아름다운 자연경관을 볼 수 있다. 이런 나무들에 피어서 유달리 우송이 아름다운지도 모른다. 우송은 갑자기 생겼다가 아침 10시쯤 해가 뜨고 날씨가 따뜻해지면 사라진다. 이는 동북의 겨울 풍경이고 겨울이 주는 특별한 선

겨울나무의 우송霧松

물이기도 하다.

동북의 겨울은 추울 것 같지만 춥지 않다. 세상에 사람의 이기적 냉대보다 추운 것은 없다. 동북 지역을 다니면서 나는 사람들의 따뜻한 정에 추위를 잊고 다녔다.

도심 근교 교외에는 우리나라의 1960~1970년대를 연상케 하는 가옥들이 낮게 늘어서 있다. 검은 옷을 입은 60세 정도의 사람들이 몸을 잔뜩 움츠린 채 마을 골목길을 걸어가고 있다. 굴뚝에서 나오는 밥 짓는 연기가 아득한 어린 시절 속으로 나를 돌려놓고 있었다. 어릴 적 아버지보다 먼저 저녁을 먹는다는 것은 버릇없는 짓이었다. 어머니의 말씀을 따라 눈이 내리고 아무리 추운 날씨라도 마실 나가신 아버지를 찾으러 다녔던 시절이 그립게 다가왔다.

따뜻한 아랫목이 그립던 어린 시절, 메주를 덮어놓은 이불 속으로 발만 집어넣어도 행복했던 따스함이 그립다.

사실 겨울에 동북을 여행한다고 마음먹었을 때는 모든 것이 춥고, 모든 것이 얼어 있을 적막감에 젖어 있었다. 하지만 건물 안으로 들어갈 때는 두꺼운 천으로 외부의 찬 공기를 막아 온기를 보존하도록 만들어 놓는다. 대형 건물들은 여러 번의 방풍천을 만들어 최대한 내부의 따뜻한 온기를 유지하고 있다. 통로도 최소한 'ㄱ', 'ㄷ'자 형태로 하여 찬 공기가 직접 들어오지 못하도록 해놓는다. 심지어 큰 건물의 입구를 'ㄹ'자 형태로 만들어 놓기도 한다. 겨울을 나는 이들의 생활 방식에 한동안 신기해하기도 했다. 이들은 이렇게 나름대로 겨울을 즐기며 보내고 있었다.

동북은 겨울의 풍경이 나를 더 유혹한다. 그곳의 겨울은 춥고 움츠린 시간이 아니라 반년 동안의 즐거운 시간이다. 빙판에서는 썰매나 스케이트를 타고 눈에서는 개나 말이 끄는 썰매를 즐긴다. 얼어버린 강의 얼음을 깨고 낚시를 즐기고 용감한 중년의 남자들은 겨울 수영을 즐기기도 한다. 도심의 광장에서는 팽이를 돌리고 연을 날린다. 눈과 얼음으로 각종 동물이나 조각품을 만들어 겨울 도시를 더욱 아름답고 화려하게 가꾸어 놓는다. 냇가의 경사진 곳에서는 아이들이 미끄럼을 타고 준령의 산허리에는 스키장이 문을 연다. 저녁이면 친구들끼리 약속을 하여 긴긴 겨울밤 동안 카드놀이나 마작을 하면서 이야기꽃을 피운다.

흑룡강성의 남부지방에도 10월 말이면 언제든 눈이 내릴 수 있다.

이때부터 이들은 겨울잠을 잘 채비를 서두른다. 도시 근교의 농민들은 겨울 채소를 가꿀 비닐하우스를 설치하느라 바쁘다. 가축을 기르는 사람들은 가축의 겨울 식량을 충분히 확보해 두어야 한다.

겨울의 한가운데인 해가 가장 짧다는 동지다.

눈이 소복이 쌓였다. 걸핏하면 하늘에서는 눈발이 내린다. 얼굴만을 내민 채 따뜻한 이불 속에서 일어날 생각을 하지 않고 누워 있었다. 새벽부터 골목 음식점에서 "어우티아오! 떠우쟝! 떠우푸나오!"라는 소리가 스피커를 통해서 들려왔다. 매일 아침 듣는 소리가 이제는 자장가인 양 정겹게 들린다.

'어우티아오油条'는 밀가루 반죽에 소금 간을 한 후 기름에 튀긴 길쭉한 모양의 식품이다. 그리고 '떠우쟝豆浆'은 콩국을 말하고 '떠우푸나오豆腐脑儿'는 순두부를 말한다. 이곳 사람들은 아침 식사로 '화쥐알花卷儿'이라는 둘둘 말린 빵과 이것들을 함께 즐겨 먹는다.

동지일 때 나는 하이라얼海拉尔을 여행하고 있었다. 하이라얼 근교에서 몽고족의 전통 축제인 '나다무那达慕'라는 공연을 보기 위해 간 것이었다.

네 시도 안 되어 어둠이 도시를 덮어버리면 네온사인으로 둘러쳐진 건물들은 꽃단장을 하듯이 화려하게 빛을 발한다. 도심의 가로등도 스산하게 느껴지던 거리에 화려한 불빛을 쏟아붓는다. 캐럴이 흘러나오고 거리를 활보하는 연인들의 사랑 이야기가 넘쳐난다.

이때 우리는 팥죽을 먹지만 이들은 '쟈오즈饺子'라는 만두를 만들어 먹는다. 식당에서도 모두가 만두를 먹는다. 설날에도 우리는 떡국을 먹지만 이들은 주로 만두를 먹는다. 추석에는 '위에빙月餠'이라는 둥근 모양의 호떡 같은 것을 즐기고, 정월 대보름에는 '위엔시아오元宵'라는 새알 모양의 동그란 떡을 즐긴다. 풍습이 나라마다 다르다지만 가족들이 함께 모여 음식을 함께하면서 서로의 안부를 묻고 안녕을 기원하는 마음은 모두가 같다.

온 가족이 둘러앉아 양고기 소馅가 들어있는 만두를 만들어 먹는 저녁은 아주 행복한 시간이다. 멀리서 자녀나 친척이 찾아온다면 큰 잔치가 벌어지는 것 같이 떠들썩하다. 조금 형편이 어려운 가정도 이때만은 푸짐한 식사를 준비한다.

이제 긴 겨울밤의 이야기가 시작된다. 내몽고 초원의 남자들은 주로 가축들의 안전과 사육에 대한 이야기를 한다. TV로 본 정치, 경제에 대한 이야기도 빼놓지 않는다. 여자들은 아이들 양육과 어느 집 혼사 이야기를 하느라 바쁘다. 가끔씩 주전자에 끓여놓은 우유차를 마시면 배고픈 줄도 모른다. 긴 어둠의 밤은 이렇게 무르익어가고 있다.

아침에 일어나니 온 세상이 하얗다.

밤새 눈이 또 내렸다. 옷을 두툼하게 껴입고 길을 나섰다. 발목까지 눈에 잠길 정도다. 조그만 식당 문틈으로 김이 흘러나온다. 들어가니 벌써 많은 사람들이 검은색의 두툼한 옷과 털모자를 쓴 채로 의자에 앉아 있다. 이들은 하루 벌어 하루를 살아가는 노동자들이다. 식당 안은 온통 담배 연기로 가득하다. 몇 개의 만두와 옥수수죽을 비닐봉지에 담아 숙소로 돌아왔다.

호수의 겨울낚시

　어제 식당 주인이 이야기해 준 호수로 나갔다. 겨울 호숫가에 사람들이 몰려든다. 얼음 밑으로 넣은 그물을 꺼내 올리면 많은 고기가 올라온다. 이렇게 하기 위해서 그물을 넣고 며칠을 기다린다. 그물을 꺼낼 즈음에는 사람들에게 알린다. 사람들이 모여들면 수급의 법칙에 의해 고기의 가격이 결정된다.

　이러한 일들이 호수에서만 이루어지는 것은 아니다. 강가에서도 빙판 위에 사람들이 많이 모여 있으면 고기를 건져 올리는 작업이 있다는 것을 짐작할 수 있다. 주로 붕어, 잉어 등이 많다. 많이 사면 더 싸기 때문에 그곳에서 사람들은 서로 어럿이 짝을 이루어 사기도 한다. 대부분 집으로 가지고 가서 요리를 하지만 어떤 사람들은 친구들과 함께 한두 마리를 사서 비닐에 담아 식당을 찾는다. 식당에서는 즉석에서 저렴한 가공비만을 받고 요리를 해 준다.

50도가 넘는 고량주 한잔과 생선 안주가 어우러지면 백설의 겨울 풍경이 더욱 포근하게 다가온다. 양식어라고는 하지만 자연산과 다름없는 물고기로 멋진 한 끼의 식사를 즐긴다.

동북의 겨울은 삭막했던 내 마음에 아름다운 고향을 선사하는 시간이다.

3부

초원의 땅
후룬베이얼呼伦贝尔

⋮

　봄은 눈 쌓인 대지 아래서 움트고 있는 새싹처럼 어느새 다가오고 있다. 늘 얼음꽃을 피우던 개울가의 버들가지도 살을 헤집고 싹을 내민다. 눈과 얼음이 녹는 소리가 바람을 타고 봄소식을 실어온다. 반년 이상을 눈 속에 있다가 깨어나는 봄은 실로 아름답다. 오랜 기간의 겨울을 견뎌낸 봄은 다시 이렇게 초원에서 생존의 순환을 맞는다.

　초원은 생명의 원천이다.

　특히 유목민들은 초원을 생명의 어머니라고 부른다. 질긴 생명의 풀이 돋아나면 초원은 한 폭의 화려한 야생화로 물들여진다. 어느 꽃 하나 모자라거나 부족한 것이 없다. 들녘에 피어난 야생화의 향기를 따라 바쁘게 날아다니는 나비와 벌들도 만난다. 초원에는 가축이 찾아오고 온갖 새들의 울음소리가 들려온다.

　목축을 하는 사람들도 이때부터 가장 바쁜 시기를 맞는다.

　양들도 늘어났다. 봄부터 가을까지 충분히 영양을 섭취한 양들은 서로의 짝을 찾는다. 임신한 양들은 추운 겨울나기에 좀 더 신경을 써주어야만 한다. 별도로 움막을 지어 산모들만의 공간을 지어주기도 한다. 9월에 임신했던 양들이 2월에 출산을 한다. 자연의 품에서 모든 것이 넘쳐나는 풍요로운 봄이 시작된 것이다.

4월에 찾아온 제비는 처마 밑에 제비집을 만들어 놓았다. 사람들은 제비집이 많을수록 자신의 가정에 행운이 더 많아질 거라고 생각한다.

봄 내음을 풍기며 산들바람이 스쳐 가는 초원에 앉아본다.

청명한 하늘이 초원과 맞닿는 곳까지 걸어가고 싶다. 들풀과 야생화가 바람에 출렁이고 흰 구름은 푸른 언덕을 넘나든다. 때때로 촉촉한 봄비가 대지를 적시고 지나간다. 이내 햇살이 구름 사이로 비쳐오면 생기를 갖고 돋아나는 푸른 초원은 더욱 눈이 부시다.

초원 위로 하얀 구름띠 같은 양의 무리가 지나간다. 이때는 어디서든 양 떼들을 만날 수 있다. 들풀에 목을 길게 늘어뜨린 말과 소 떼들도 만난다. 싱그러운 봄이다.

사흘간의 아얼산 여행을 마치고 하이라얼海拉尔로 가는 들녘은 봄기운이 완연하다. 얼마 지나지 않아 후룬베이얼의 대초원이 펼쳐지고 있다. 저 멀리 보이는 호숫가에 말들이 방목되어 풀을 뜯는 모습이 마냥 평화로워 보인다. 잠시 차에서 내리니 시원한 바람이 옷자락을 거침없이 스쳐 간다.

지난여름 처음 이곳에 왔을 때는 초원의 능선을 뒤덮은 노란색 꽃밭이 유채꽃밭인 줄 몰랐다. 재배하는 꽃들도 있지만 야생으로

초원의 양떼들

초원의 낙타

피어난 꽃들도 저마다 대자연 속에서 짧지만 값진 생을 살아간다. 노란 꽃 하면 나도 빠지지 않는다고 피어나는 원추리꽃과 강아지풀도 자생한다.

신록의 계절은 마냥 풍요롭기만 하다.

중국 내몽고 북부에는 러시아와 국경을 이루며 흐르고 있는 어얼구나허额尔古纳河라는 강이 있다. 이 강은 내몽고 북부 후뢴베이얼의 대지를 촉촉이 적셔준다. 이곳 사람들은 어얼구나허가 생명의 젖줄이라고 믿는다. 드넓은 초원을 걷고 있으면 어머니의 품속처럼 느껴지기도 한다.

푸른 초원은 모든 가축들의 안식처다. 말, 소, 양 떼들이 자유롭게 거닐며 풀을 뜯고 있다. 새끼들은 어미젖을 먹기 위해 주둥이로 젖을 긁어댄다. 어미는 아랑곳하지 않고 풀을 뜯으면서도 새끼를 떠나지 않는다. 동물의 진한 본능적 사랑을 인간의 이성적 사랑에 비교해본다. 가끔은 낙타를 몰고 가는 사람도 보인다. 이곳의 낙타는 대부분 여름 초원을 찾은 여행자들을 태우기 위해 길러진다.

몰이꾼은 긴 막대를 하나 들고 말이나 오토바이를 타고 다닌다. 그들은 혼자 있을 때면 마냥 무료하다. 이럴 때면 그들은 가끔씩 언덕 위에서 러시아제 망원경으로 가축들의 동태를 살펴본다. 핸드폰으로 음악을 듣기도 하고 친구나 애인에게 전화를 걸어 저녁 약속을 하기도 한다. 옛 시절 향수의 그리움을 문명의 편리함이 달래주고 있는지도 모른다.

초원의 호숫가에는 멍구빠오라는 하얀 몽고족 원형 가옥이 자리 잡는다. 파란 하늘과 푸른 초원 사이로 보이는 하얀 멍구빠오들은 초원에 피어난 흰 버섯 같기도 하다. 멍구빠오 가운데 솟아난 굴뚝에서 연기가 피어오르면 동화 속의 따뜻한 보금자리로 남는다.

별이 촘촘히 흐르는 밤하늘을 보면서 초원에 누워본다. 아무리 보고 들었어도 별자리가 그리 중요하지 않은 하늘이다. 호숫가 주변으로 보이지 않는 어린 풀벌레의 울음소리만이 잔잔하게 귓가를 스쳐 간다.

내몽고 후뤈베이얼 서쪽에는 달라이호达赉湖라는 호수가 있다. 이 호수는 호수보다는 끝이 보이지 않는 바다처럼 보인다. 여행자를 위한 커다란 배도 호수를 가로지른다. 보이지 않는 곳에서 밀려오는 파도는 하얀 포말로 무섭게 내게 다가온다.

호숫가 주변으로 낚싯대를 드리운 사람들이 가끔씩 고기를 낚아 올린다. 이렇게 잡은 고기는 주변의 식당으로 옮겨져 손님을 기다린다. 호수를 여행할 적마다 먹었던 그곳에서 나는 고기는 별미였다.

차를 타고 오면서 들었던 '초원의 미草原的 美'라는 노래가 생각났다. 이곳 몽골인들이 늘 애창하는 노래다. 이 노래를 배우기 위해 일주일이 걸렸다. 밤이면 이 노래를 따라 불렀다. 음률에 따라 의미를 생각하면서 부른다면 이보다 더 낭만적일 수는 없겠다는 생각이 들었다.

노래 가사는 이렇다.

我的心爱 在天边 天边有一片 辽阔的大草原
草原茫茫 天地间 洁白的蒙古包 洒落在河边

我的心爱 在高山 高山深处是 巍巍的大兴安
云海茫茫 云雾间 矫健的雄鹰 俯瞰着草原

呼伦贝尔 大草原 白云朵朵飘在 飘在我心间
呼伦贝尔 大草原 我的心爱 我的思恋

我的心爱 在河弯 额尔古纳河 穿过那大草原
草原母亲我爱你 深深的河水 深深的祝愿

呼伦贝尔 大草原 白云朵朵飘在 飘在我心间
呼伦贝尔 大草原 我的心爱 我的思恋

내 마음 하늘가에 있고 그곳에 광활한 대초원이 있네.
끝없는 초원의 대지에 순백의 멍구빠오는 강가에 흩날리네.

내 마음 높은 산에 있고 깊숙한 곳은 험준한 대준령이라네.
아득한 운해의 운무 사이로 힘찬 독수리 초원을 굽어보네.

후륀베이얼 대초원 흰 구름 뭉개지어 내 마음에 흩날리네.
후륀베이얼 대초원 나의 사랑 나의 그리움.

나의 마음은 강가에 있고 어얼구나강이 대초원을 지나가네.

사랑하는 어머니 같은 초원은 깊은 물의 원천 끝없는 축복.

후뤈베이얼 대초원 흰 구름 뭉개지어 내 마음에 흩날리네.

후뤈베이얼 대초원 나의 사랑 나의 그리움.

어둠이 초원에 내려앉으면 가축들은 집을 찾아 들어온다. 멍구빠오에서는 저녁을 준비하느라 분주하다. 음식 냄새를 맡고 어린 양이나 송아지가 주둥이를 문틈으로 애처롭게 들이댄다. 봄이 오면 가축과 함께 사는 몽고족의 일상생활이 이렇게 시작된다.

식사를 마치고 나면 멍구빠오 안에서 오순도순 가족들의 이야기가 이어진다. 구수한 우유차를 마시기도 하고 때로는 술과 양고기를 먹으며 노래를 부르기도 한다.

남자들은 칭기즈칸의 영광이 담긴 노래를 즐겨 부른다. 이들의 노랫가락은 길게 이어지는 음이 많다. 노래의 음률은 초원의 넓은 광야를 덮을 듯이 퍼져나간다. 매나 독수리가 창공을 배회한다면 더없이 멋스러운 초원의 아름다운 화음으로 다가올 것만 같다.

봄이라고는 하지만 겨울이 아직 가시지 않은 4월이다. 게다가 어느 해는 유난히 날이 건조해서 광활한 대지의 초원이 메말라 있기도 하다. 오뉴월이 되면 대지는 푸른 초원으로 변하기 위해 몸부림친다.

하늘에서는 갑작스럽게 먹구름이 밀려오고 천둥 번개가 길을 걷는 나그네의 머리 위에서 번뜩인다. 산모의 고통 같은 이런 시기가 지난 후에야 푸른 초원의 야생화가 활짝 웃고 온갖 생물이 노래

부르는 풍성한 여름을 맞는다.

초원의 양

동북을 여행한다고 하면 7~8월이 가장 적기라고 한다.

남풍을 따라 신록이 우거지는 여름이 오면 길게 자란 들풀들이 바람을 타고 춤을 춘다. 저 멀리 언덕 위에 서 있는 풍력발전기도 쉴 새 없이 돌아가고 있다. 아름다운 자연과 문명의 이기가 함께하는 초원이다.

이때는 야생의 들짐승에게도 천국이나 다름없다. 밤이 되면 산에서 내려와 농작물을 해치기도 하지만 농민들은 크게 신경을 쓰지 않는다. 생명을 살찌우는 두 달의 여름이 야생의 동물들에게는 짧은 시간이기 때문이다. 오직 가축을 지키기 위한 유목민들의 수

고만이 있을 뿐이다.

유목민들은 말을 타는 데 아주 익숙하여 말과 한몸이 되어 초원을 달린다. 달리면서 말의 목을 감고 한 바퀴 돌기도 하고 심지어 땅바닥에 놓여 있는 지폐를 줍기도 한다.

초원을 찾는 여행자들은 이 광경을 보고 박수와 찬사를 아끼지 않는다. 여행자들은 주로 가족 단위나 동호회 모임 단위가 많은데, 지프차나 버스를 타고 초원의 말 목장을 찾는다. 모두들 말을 타고 다니며 싱그러운 여름 초원을 즐기고 돌아간다.

초원의 말들

나도 잠시 말 위에 올라앉았다. 안장 위에 올라앉으니 너무 높은 곳에 있는 듯하고, 조금만 달려도 말 위에서 떨어질까 겁이 난다. 하지만 고삐를 당기면 멈추고 좌우로 당길 적마다 말이 방향을 틀며 갈 때는 나도 말과 한몸이 된 느낌으로 뿌듯해진다. 이렇게 초원에서는 말을 타고 사막에서는 낙타를 타고 내몽고를 여행한다.

후허하오터呼和浩特에서 가까운 어얼뚸어쓰鄂尔多斯라는 곳이 있다. 이곳에서 태양광 발전기를 만드는 영리회사英利公司 사장과 회사 직원들 그리고 사장 친척들을 알게 되었다. 이들과 함께 다닌 '예밍사夜鳴沙'와 영하회족자치구에 있는 중위中卫를 여행하면서 '사파터우沙坡头'라는 사막에서 낙타를 탔던 기억이 아직도 선명하다.

중국은 언제부터인지 관광대국이라는 말을 듣게 될 정도로 풍경구에 대한 투자에 매우 큰 관심을 가져왔다. 그래서 웬만한 산이면 고공 케이블카를 설치하고 산길마다 나무나 돌계단 길을 만들어 놓았다. 또 바위의 절벽을 타고 수많은 잔도棧道를 만들어 여행자에게 아찔한 스릴을 느끼게 해 주기도 한다. 최근에 뉴스를 보면 세계적으로 유명한 장강삼협의 유리 잔도나 운남에서 귀주성으로 가는 500m 고공 다리를 만들었다는 이야기도 들려온다.

하지만 내가 동북을 찾는 이유는 따로 있다.

바로 내몽고 북부에는 드넓은 초원이 있기 때문이다. 초원이 그려내는 자연의 아름다움이 그대로 실바람을 타고 거침없이 다가온다. 일상에서 찌든 생각들이 바람을 타고 저 멀리, 아주 멀리 날아가는 기분이다. 가끔씩 하늘에 먹장구름이 둥둥 떠다니다 소낙비를 뿌리기도 한다. 말을 탄 유목민들은 질퍽거리는 초원 위에서 그대로 비를 맞으며 다닌다.

비가 만든 습지가 유목민들의 이동을 힘들게 하기도 한다. 하지만 이들은 이 비가 하천을 이루고 흘러서 초원을 두루 적셔주기 때문에 하늘에 감사한다. 먹장구름의 소나기가 멈추어지고 하늘에 햇살이 밝게 빛나면 가축들은 몸을 부르르 떤다. 춥기도 하지만 몸의 젖은 털을 빨리 말리기 위함이다. 이때가 가축들의 성장에 가장 중요한 시기이다. 충분한 영양을 섭취해야만 긴 겨울을 나는 데 고통을 덜 수 있기 때문이다.

이렇게 유목민들은 동북의 여름이 지나가는 것을 무척 안타까워하고 있는지도 모른다. 능선을 따라가는 양 떼들은 선으로 보이다가도 원을 그리며 나타나고, 사라진 것 같다가도 어느새 다시 나타나 나의 앞을 가로지르곤 한다. 비가 그치고 초원에 무지개가 내려앉는 아름다운 풍경을 가축들은 알는지 모르겠다.

가을의 초원이다.

가축들에게는 풍성한 여름의 계절이 속절도 없이 사라져 갔다. 흰 구름이 높은 곳에서 흘러간다. 바람을 타고 청명한 가을이 오는 소리가 들린다. 9월의 가을이 오면 추운 날씨에 벌써 초원이 누렇게 변하기 시작한다.

누렇게 변한 황금 들판의 언덕에서 아침을 맞는다. 어느새 옷자락으로 스며드는 한기가 몸을 움츠리게 한다. 풀잎에 맺혀 있는 찬 이슬은 걸을 적마다 몸을 스쳐 간다.

초원의 늪에서 먹이를 기다리는 거미줄에도 물방울이 옥구슬처럼 송송히 맺혀 있다. 햇살에 안개가 걷히면 거미줄에 달린 이슬방울이 황금빛으로 반짝반짝 빛난다.

유목민들은 겨울나기를 위한 가축들의 사료 준비에 바쁘다. 둥그렇게 만든 사료 뭉치를 실은 트럭들이 분주히 움직인다. 때로는 트럭에 실려 사료를 찾아 떠나는 가축들의 이사 행렬도 보인다. 통통히 살이 찐 양들은 빨리 시장에 내놓는다. 가급적 양의 숫자를 줄여야 겨울을 어렵지 않게 지날 수 있기 때문이다.

양의 뼈 '갈라하'

찬바람이 스쳐 가는 갈대 우거진 숲은 초원에서 파도처럼 출렁인다. 아이들은 갈대숲을 휘젓고 다니며 숨바꼭질을 즐긴다. 아이들에게는 특별한 놀이기구가 없다. 그러다 우연히 '갈라하嘎拉哈'라는 것을 가지고 노는 것을 보았다. 갈라하는 양 뒷다리의 대퇴부와 종아리를 연결하는 무릎 관절의 이음매 역할을 하는 뼈이다. 이 뼈에 붙어있는 살을 다 발린 후 말리면 매우 가볍고 단단한 뼈로 남는다. 어른들이 장신구처럼 만들어 놓은 갈라하를 가지고 아이들은 주사위처럼 던지며 놀거나 공기놀이 같은 놀이로도 즐긴다.

여름 초원에서 어린 송아지나 양들과 함께 뛰어놀기도 한다. 일찍 말타기를 배운 아이는 가축들을 데리고 집으로 돌아오는 일도 곧잘 한다.

10월이면 산간지역의 마을들은 겨울의 한복판에서 추위에 떨고 있을지도 모른다. 초순이면 농작물의 수확이 모두 끝나는 시기다. 수확이 끝난 넓은 평원은 황량한 대지로 변해 버린다. 방목되고 있는 가축들은 수확이 끝난 들판의 마지막 이삭줍기에 바쁘다. 가축들은 지평선이 어둠 속에 잠들 무렵이 되어서야 집을 찾는다.

석양은 해가 지기 전 마지막 붉은 노을을 들녘에 토해낸다. 저 멀리 하얗게 빛나는 그림자가 보인다. 달빛에 어리는 호수다. 우거진 갈대숲으로 난 길을 따라 호숫가를 스쳐 가는 바람 소리가 애처롭다.

등에 짊어진 작은 배낭에서 먹을거리를 풀숲에 내려놓는다. 어디론가 떠날 때는 늘 가지고 다니는 전병煎饼이라 부르는 '지엔빙'과 고수라고 하는 채소 '샹차이香菜', 그리고 땅콩 우유인 '화썽녀우나이花生牛奶'라는 음료와 귤이다. 먹다가 새들과 들짐승들에게 조금 남겨 놓고 떠나는 여유도 잊지 않는다. 이렇게 동화 같은 자연의 풍취 속에서 가을은 익어가고 있다. 반년의 시간 동안 온갖 생물들은 초원의 품에서 이렇게 살아간다.

겨울, 모든 것이 하얗다. 어김없이 오는 동북의 계절이다.

이때는 호수도, 습지도, 초원도, 냇가에 흐르는 물도 모두가 얼어

버린다. 지프 차를 타고 얼어버린 호수나 습지 위를 달려본다. 눈보라를 일으키며 지나가는 매서운 칼바람은 저녁이 되면 굉음 소리까지 동반한다.

내몽고 젖소 목장

개나 낙타가 끄는 썰매를 타고 눈 속을 달리면 영하 30도의 겨울이 그렇게 춥게만 느껴지지는 않을 것이다. 황량한 들녘에 방목되고 있는 소나 양, 말들은 허기진 배를 채우려고 안간힘을 쓴다. 눈을 헤집고 남아있는 마지막 먹이를 향해 주둥이를 들이댄다. 가축들에게는 춥고 배고픈 반년의 겨울이 시작된 것이다. 이제 적어도 6개월의 긴 겨울을 보내야 하는 동북은 겨울 채비를 서두른다. 말없이 오고 가는 계절의 변화는 끝없이 반복되고 있다.

내몽고 후뤈베이얼의 최대 도시인 하이라얼에는 다음에 꼭 다시 오겠다고 약속한 친구가 있다. 지난여름에 와서 알게 된 몽고족의 '쑤허'라는 친구인데 하이라얼에서 옷 가게를 운영하고 있다. 다음에 만나면 꼭 몽골인들의 유목생활을 경험하게 해 주겠다고 약속했었다.

나를 태운 기차는 동토의 땅으로 변해 버린 백색의 대지를 가로지른다. 차창 밖으로 보이는 것은 모두가 설원에 묻혀버렸다. 어쩌다 마을이 나타나도 사람의 그림자는 보이지 않았다. 무료함을 달래보려고 성에 낀 차가운 유리창에 손도장을 남겨보기도 하고 내이름 석 자를 써넣어 보기도 한다.

하이라얼 역에 도착했다. 내몽고에 들어서면 상호 간판에 한자와 몽고어가 혼용되어 쓰인다. 몽고어는 모두가 세로로 쓰는데 윗부분은 용의 머리 모양이고 그 아래로는 '之' 자를 연속해서 쓴 것처럼 보인다. 이 '之' 자의 길이에 따라 뜻이 다른지, '어느 글자는 길고 어느 글자는 짧다.'라는 이미지만 남았다.

그런가 하면 북만주 지역의 지명을 보면 '하河'나 '이尔'라는 글자가 자주 눈에 띈다. 강을 나타내는 '河' 자가 많은 것으로 보아 물이 풍부하다는 의미가 있는 것 같다. 하지만 이들의 일상생활을 보면 물을 무척 아껴서 쓴다. 세수하고 남은 물을 가지고 걸레를 빨고 그 물을 변기에 버린다. '이尔' 자는 본래 '爾' 자의 간체자로써 아름다운 꽃을 형상화한 글자라고 한다. 이런 지명으로 보아도 북만주 지역의 흑룡강성과 후뤈베이얼 초원이 물과 아름다운 야생화가 많은 곳이라는 것을 짐작할 수 있다.

내리자마자 쑤허에게 전화를 했다.

그는 하이라얼에서 가까운 이민伊敏이라는 곳에 잠시 머물며 겨울옷을 팔고 있었다. 오랜만에 만난 덩치 큰 쑤허는 포옹을 하면서 몽고식 인사로 반갑게 세 번 나의 얼굴을 비볐다.

그리고 나를 친구들과 술자리를 함께하고 있는 식당으로 데려갔다. 쑤허는 세 명의 친구들을 소개했다. 친구들도 내가 멀리서 온 손님이라고 술을 따르며 극진히 대해 주었다.

40살 정도인 쑤허는 몽고의 사나이답게 작은 과도를 들고 양고기를 솜씨 있게 잘라 나에게 건넸다. 한 조각을 먹으면 바로 또 한 조각을 잘라 내 접시에 놓았다. 술잔을 소독한다며 술을 조금 부어 손가락으로 쓱쓱 비벼서 버린 후 술을 따라 주었다. 모든 행동에서 몽고의 사내다운 풍취가 묻어났다. 쑤허는 몽고의 전통 노래도 들려주었다. 굵직한 목소리와 깎지 않은 턱수염이 더욱 그를 몽고의 사내처럼 보이게 했다.

나도 계절에 어울리게 '안동역에서'라는 노래가사에 '하이라얼'을 넣어 쑤허의 노래에 답했다. 우리 모두는 서로 마음을 함께하며 흥에 취했다. 도수가 높은 고량주를 한 잔씩 기울일 적마다 겨울 추위는 점점 사라져 갔다. 오랜만에 먹어보는 양고기와 술은 여기까지 오며 쌓인 피로까지 다 날려버리는 것 같았다.

마주 앉은 갓 결혼한 부부는 이민에서 양을 기르고 있다. 말이 없는 부인은 어원커족으로 몽고어와 어원커어만 사용한다고 한다. 중국에서 중국어를 모르면서도 살아가는 그녀의 생활이 이해가 되지 않았다.

그녀는 감기에 걸려 기침을 자주 했다. 항시 준비해 가지고 다니는 감기약을 주기 전에 혹시 임신을 하지 않았느냐고 물었다. 모두들 나를 보고 웃는다. 아이를 가졌을 때는 가급적 약을 삼가야 한다고 말하니 모두 알고 있다는 듯 고개를 끄덕인다. 어둠이 찾아올 때까지 우리는 포만감에 젖어 만찬을 즐겼다.

짙은 어둠이 드리워질 즈음 우리는 식당을 나왔다. 쑤허의 차는 하얀 설원의 밤을 가르며 어둠 속으로 달렸다. 눈바람이 차창으로 날릴 때면 앞이 전혀 보이지 않았다. 쑤허는 전혀 개의치 않는 듯 음악을 틀었다. 차를 타고 가는 동안 후뤈베이얼 대초원의 노래가 흘러나온다. 술기운에 흥겨운 쑤허는 허스키한 목소리로 노래를 따라 불렀다.

집에 도착했다. 70세의 쑤허 어머니가 나를 반겼다. 쑤허의 집 저편에 이민 마을의 불빛이 유난히 밝아 보인다. 쑤허가 잠시 거처하는 이곳은 한 칸의 방과 부엌, 양을 잡아 요리를 할 수 있게 만든 거실 같은 공간이 전부다. 쑤허의 어머니는 추운데 찾아온 손님이라고 이불을 덮혀주며 나의 손을 감싸 쥔다.

쑤허는 어두운 밖에 나가서 땔감을 가지고 들어왔다. 아궁이에 불을 지펴 열기가 오르니 이내 공간이 훈훈해졌다. 쑤허의 형과 누나는 모두 내몽고 성도인 후허하오터呼和浩特에 있고, 막내인 쑤허만이 이곳에 남았다고 한다. 어머니는 아들인 쑤허가 바빠 잠시

쑤허 친구들과 함께

와 있다고 한다. 여기서 춘절(설)을 보내고 후허하오터로 돌아갈 예
정이다.

　쑤허는 가끔씩 우유차를 타서 우리에게 건넨다. 이 차는 맛이 구
수한데, 몇 잔 마시면 한동안 배고픈 줄을 모른다. 우리에게 차를
주고는 잠시 옆에 사는 쑤허 친구 부부와 함께 양들을 우리에 가두
고 돌아왔다. 쑤허 어머니는 나처럼 교직 생활을 하셨다. 그래서
가끔씩 학교생활에 대해 궁금한 것을 물어왔다. 우리는 밝지 않은
전등불 아래에서 밤이 깊어가는 줄 모르고 이야기를 나누었다.

　아침이 밝았다.

　개 짖는 소리가 어둠 속에서 새벽을 깨우고 지나갔다. 누운 채로
창문을 보니 어제 백야의 달빛 속에 본 이민의 마을이 선명하게 드
러났다. 따뜻한 잠자리에서 일어나고 싶지 않다.

하지만 어제 우리에 가두었던 양 떼들의 안부가 궁금하다. 동북은 내몽고와 흑룡강성의 경계로, 따씽안링이라는 산맥을 형성하고 있다. 이 원시 삼림 속에는 가축을 노려보는 곰과 매우 무서운 '랑'이라는 늑대가 있다.

두툼하게 차려입고 문을 나섰다. 제일 먼저 양 떼 우리를 둘러보았다. 양들은 머리를 서로 파묻고 움직이지 않는다. 아직도 잠에서 깨어날 줄 모른다. 주인도 별일 없다는 안도감을 느끼며 하루를 시작한다. 양 떼의 주인은 이들을 데리고 나올 때나 들어갈 때면 항시 마음이 풍요롭다. 그들의 삶을 지켜주는 전 재산이기 때문이다.

또 다른 울타리 안에 어제 저녁에 보지 못했던 사료 무더기들이 산더미처럼 쌓여 있다. 그런데도 오후에는 양들을 차로 200㎞ 정도 떨어진 아롱치阿榮旗라는 곳으로 옮겨가야 한다. 작년과 올해 여름에 날이 건조해서 초원의 풀이 잘 자라지 못했다고 한다. 그래서 겨울나기를 하려면 양들의 이사를 준비해야만 한다. 아마도 겨울을 나기에는 산더미처럼 쌓인 사료단도 부족한 모양이다.

쑤허는 마당 한가운데 전기 펌프가 있는 곳으로 갔다. 스위치를 올리니 80m 아래에서 청정 지하수가 펄펄 솟아 올라온다. 큰 플라스틱 통에 물을 길어왔다.

장작을 패고 아침 식사 준비를 하기 위해 불을 지폈다. 밤새 서서히 식어간 방안이 다시 따뜻해지기 시작한다. 실내의 열기를 뺏기지 않으려고 창문은 비닐로 가리고 문에는 이중으로 냉기 가림

막을 설치해 놓았다. 아궁이 불의 열기는 '훠챵火墙'이라는 벽의 공간을 통하여 굴뚝으로 빠져나간다. 그래서 실내는 매우 따뜻하다.

벽에 기대어 있으면 창문을 스쳐 가는 설원의 찬바람도 두렵지 않다. 영하 40도를 넘나드는 겨울에도 실내의 온도는 반소매로 지낼 수 있을 정도다. 그래서 집집마다 굴뚝에 연기가 피어오르면 따뜻한 그들의 보금자리가 생각난다.

아궁이에 지핀 불로 음식을 만든다. 이곳 촌락에서는 죽이나 만두로 끼니를 이어간다. 초원에서는 가을에 살찌운 양 떼들이 있다면 쉽게 양고기를 접하기도 한다.

식사 때만 되면 마당에는 음식 냄새를 찾아온 두 마리의 커다란 개가 눈 위에 쪼그려 앉아 있다. 먹이를 주는 나의 마음도 몰라주고 내 장갑을 물기도 했다. 성질이 사나운지 나의 옷까지 물어서 찢기도 했다. 돌이켜보면 매우 위험한 상황에 있었다는 생각이 든다.

마을길을 나서면 새벽부터 서너 필의 말들이 무리 지어 거리를 활보한다. 추위 속에서도 먹이를 구하기 위해 문이 열린 집이면 아무 데나 휘저으며 돌아다닌다. 겨울의 가혹한 시련을 견디느라 앙상해진 갈빗대가 더욱 선명하게 드러나 보인다. 가끔씩 찬바람이 스치고 지나가면 마음도 더욱 을씨년스러워진다.

본래 몽골인들은 멍구빠오 생활을 하였지만 이제는 점차 현대식 건물로 된 가옥 생활을 하는 경우가 늘고 있다. 새로 짓는 멍구빠오도 시멘트를 재료로 한 고정식 주거로 변해 있다. 장방형 식의

양의 우리

마을 구조나 현대식 건물의 주거 형태가 모두 일률적이어서 단조
롭다. 불편스럽더라도 옛것이 사라진다는 것은 슬픈 일이다.

　식사를 마치고 쑤허와 나는 차를 타고 다시 이민의 광장이 있는
시장으로 나왔다. 커다란 상가 주변으로는 야채를 파는 노점상들
도 즐비하다. 이름도 모르는 무의 종류도 다양했다. 쑤허는 차의
트렁크와 뒷좌석에 겨울 가죽 털옷을 가득 싣고 다닌다. 언제 어
디서든 손님을 만나면 이렇게 옷을 팔 수가 있다. 손님이 자주 지
나다니는 광장의 한구석에 차를 세웠다. 쑤허가 가죽옷을 하나 입
고 있으라며 주었다. 남들이 옷을 볼 수 있도록 나를 전시용으로
삼은 것이다. 차의 지붕에도 옷을 걸어놓고 손님을 기다렸다.

　갑자기 눈이 조금씩 내리고 있다. 옷이 젖을까 걱정이 된다고 했
지만 쑤허는 괜찮다고 한다. 나는 따뜻한 옷을 입고 차 주위를 돌

아다녔다. 쑤허가 문득 옷의 상표를 가리키며 한글이 아니냐고 물어왔다. 옷에 달린 상표에 재질 등이 한글로 쓰여 있었다. 나는 아무런 생각 없이 '나일론'이라는 글자가 보이기에 읽어 주었다. 그런데 쑤허는 그 말을 품질이 좋다는 뜻으로 이해했다. 쑤허는 손님이 옷을 만질 적마다 나일론이라는 말을 자주 말하곤 했다. 사실 나일론으로 된 옷은 질기고 따뜻하기는 하지만 통풍이 잘 되지 않아 좋은 옷감이라고 하기엔 어렵다.

손님이 가격을 묻기만 하고 지나칠 때는 마음이 조급했다. 운이 없게도 한 벌도 팔지 못하고 옷을 정리해야 했다. 나는 손님이 지나갈 적마다 한국 사람인 내가 직접 한국에서 가지고 온 옷이라고 하면서 입은 옷을 자랑하기까지 했다. 하지만 한 벌도 팔지 못한 것이다. 장사하는 사람의 심정을 이해하는 하루였는지도 모른다. 집으로 돌아오면서 쑤허의 얼굴을 보고 있으니 나 때문은 아닌가 싶어 마음이 불편했다.

오후 세 시가 되었을까?

트럭 한 대가 집으로 들어온다. 양들이 이사를 해야 할 시간이 된 것이다. 차에서 다섯 명 정도의 청년이 내렸다. 양들을 우리에 가두고는 한 마리 나올 정도의 길만 터놓는다. 사람이 부족한지 나에게 도움을 청했다. 나는 우리 속의 양들을 가두고 있는 철창을 붙잡고 있었다. 사람들은 들어가 한 마리씩 양의 뒷다리를 잡아끌고 나온다. 어원커족의 젊은 부인도 능숙하게 다리를 잡고 나온다.

그녀의 얼굴이 밝지 않았다. 자신의 양들이 멀리 떠나는 것이 애처로운가 보다. 양들은 겁에 질린 듯 붙잡히지 않으려고 자꾸 안으로 들어간다. 아마 자신들이 죽으러 가는 거라고 생각하고 있는지도 모른다. 한 마리씩 트럭에 실릴 때마다 철창 안의 공간은 점점 더 좁아진다. 어느 양은 뿔로 철창을 들이받기도 했다. 발버둥 치는 양들의 모습이 애처롭기 그지없다.

백여 마리가 2층으로 된 트럭에 빼곡히 실렸다. 한 시간 조금 더 걸린 것 같다. 잠시 후 트럭은 아롱치로 향했다. 양을 실은 트럭은 차가운 바람을 가르며 눈길 위를 달렸다. 트럭이 저 멀리 보이지 않을 때까지 젊은 여인은 물끄러미 바라보고 있다. 자식을 떠나보내는 애틋한 심정으로…….

텅 비어 허전한 양들의 우리만이 남았다. 양들이 돌아오는 새봄이 올 때까지 기다려야 한다. 그때는 더욱 건강하고 살찐 모습으로 돌아오기를 간절히 바랐다.

다음날은 쑤허가 어머니와 나를 태우고 홍화얼지紅花尔基 삼림공원을 향하여 차를 몰았다. 구경을 간다기보다는 어머니 바깥나들이를 시켜주고 싶었던 것이다. 냇가를 따라 눈이 쌓인 설원을 달렸다. 빙판이 된 길을 쑤허는 조금도 두려워하지 않았다. 가끔씩 마주 오는 차를 만나도 브레이크를 잡지 않아 무척 두려웠다. 가다가 경치가 좋아 보이는 곳이 있으면 우리는 내려서 기념사진을 남겼다. 때로는 쑤허와, 때로는 쑤허 어머니와 다정한 포즈로 오후의 추억을 남겼다.

가축 사료단

이렇게 사흘이 흘렀다.

쑤허도 이제 하이라얼로 돌아간다고 한다. 나는 하이라얼역 광장에서 쑤허와 헤어졌다. 쑤허의 어머니와도 아쉬운 이별의 포옹을 했다. 밤이면 어두운 등불 아래 마주 앉아 긴긴밤을 이야기하고, 홍화얼지 삼림공원에 가면서 설원의 겨울 산천을 둘러보던 엊그제의 즐거웠던 일들이 스크린의 영상처럼 스쳐 간다.

치치하얼로 돌아왔다. 한 편의 영화를 봤다. '랑투텅狼图腾'이라는 영화다. 이 영화는 쟝룽이라는 저자가 쓴 『랑투텅』이라는 소설을 영화로 만든 것이다. 내몽고 북부 우라까이乌拉盖 초원에서 살아가는 늑대를 소재로 한 영화다. 내용은 이렇다. 젊은 청년은 어린 늑대를 순화시켜 함께 생활할 수 있기를 기대했다. 하지만 늑대는 끝내 야생의 근성을 버리지 못하고 자신을 길러준 사람의 곁을 벗어

나 초원으로 떠난다. 초원에서 살아가는 동물의 세계를 잘 이해할
수 있게 되었다.

귀국을 앞두고 있다.

바쁘게 살아가는 문명의 울타리를 벗어나 마음 편안한 자유로운
공간에서 잠시 꿈처럼 보냈다. 초원의 아름다운 풍경이 그리워진
다. 양들과 함께 뛰어놀고, 말을 타고 달려보는 후뤈베이얼의 초원
은 나에게 약속한다. 행복하게 기억하는 추억으로의 여행을……

4부

따씽안링 大兴安岭과
샤오씽안링 小兴安岭

⋮

흑룡강성과 내몽고 후륀베이얼에는 두 개의 준령이 있다. 하나는 흑룡강성 동쪽에 위치한 샤오씽안링이라는 준령이고 또 하나는 내몽고 북부에서 내려오는 따씽안링이라는 준령이다. 이 삼림지대를 예전에는 황무지라고 불렀다. 특히 북만주 지역이라는 뜻으로 '북대황'이라는 별호까지 얻었다. 이처럼 쓸모없이 버려진 땅이 지금은 삼림의 보고로 자리매김을 하고 있다.

동북을 여행할 적마다 계절에 관계없이 산을 찾았다. 여름이 산행하기에 가장 좋은 시기라고 하지만 겨울의 산행도 특별한 인상을 남긴다. 숲속에 들어가면 이곳이 만주 벌판의 평야라는 것을 잊게 된다. 광대하고 울창해서 숲의 끝이 보이지 않을 정도다.

아침 일찍 신록이 우거진 산 속으로 들어가면 멋진 삼림욕을 즐길 수 있다. 그윽한 안갯속에서 서서히 드러나는 숲의 형상은 가히 엄숙하기까지 하다. 안개가 걷힌 빽빽한 자작나무 숲을 걸으면 이슬을 머금은 잎새들이 햇살에 반짝인다. 이슬이 몸을 스치고 갈 때면 피부와 마음까지도 촉촉해지는 느낌이다. 자작나무 수액은 음료로 마시면 몸에도 좋다고 한다.

예전에 원시의 삶을 살았던 사람들은 자작나무 껍질을 일상생활에 많이 이용했다. 내몽고 북부에 사는 어원커족은 지금도 순록과 함께 생활하는데, 자작나무 껍질을 집의 지붕이나 원뿔형 나무 천막의 피복용으로 이용했다.

심림의 자작나무

울창한 원시 삼림은 도처에 삼림공원을 이루고 있어 여름이면 피서지로도 아주 각광을 받는다. 대초원으로 상징되는 내몽고 후룬베이얼 지역이라도 모든 것이 초원으로만 이루어져 있지는 않다. 두견화가 피어 온 산을 붉게 물들이는 봄은 참으로 아름답다. 특히 언치새라는 새는 따씽안링에 많이 서식하고 있다. 이 새를 중국에서는 산까치라고도 부른다. 나뭇가지 사이를 이리저리 날며 지저귀는 산새 소리도 숲속에 생동감을 불어넣는다.

자란툰 근처 빠린巴林이라는 작은 마을 가까이에는 라마산喇嘛山이 있다. 이곳 자란툰 지역에서는 반드시 가 보아야 할 명산이다. 보기에는 정상이 지척에 있는 것처럼 보이나 등반하는 데 5시간 정도의 힘든 산행이 필요하다. 최고봉인 라마봉에 가기 위해서는 70도 경사의 바위를 올라야만 한다. 위험과 쾌감을 동시에 느낄 수 있어 스릴있는 산이다. 어느 중년의 남자는 심장병 때문에 등반을 포기하는 것도 보았다. 마침 석유 산지로 유명한 따칭大庆에서 온 20여 명 정도의 동호회원들을 만나 지루하지 않게 산행을 즐겼다.

라마산 등반

또 니옌즈산碾子山이라는 도시에 있는 써똥산蛇洞山을 오르기도 했다. 벼락을 동반한 요란한 천둥소리가 장대비를 뿌리고 지나갔다. 써똥산은 뱀이 많은 동굴인지 신령스런 뱀의 전설이 있는 산인지 알 수는 없었으나 다니면서 뱀이 나타날까 주의를 게을리하지 않았다. 거북이 주둥이 형상을 한 바위 정상에 올라 주변을 바라보니 드넓은 평원을 가로질러 강이 흐른다. 가슴이 탁 트이는 기분이다. 기차가 기적을 울리며 평원을 지날 때는 한 마리의 뱀이 숲속을 헤쳐 나가는 모습처럼 보인다.

숲속을 거닐면 마음이 포근해지고 산의 정상에 서면 마음이 여유로워진다. 여행을 하면서 가끔씩 산을 찾는 이유다.

5월 말 린쟝臨江이라는 곳에 갔다.

린쟝은 러시아와 경계를 이루는 변경의 작은 마을이다. 후뤈베이얼의 대표적인 강이라 부르는 어얼구나허額尔古纳河가 흐른다. 린쟝에 가는 특별한 이유는 없다. 그저 한적한 곳으로 삶의 여유를 만나기 위해서였는지도 모른다.

어디론가 떠나 도착한 알 수 없는 곳, 막상 가서 '여기를 왜 왔지?' 하고 의문을 가질 수 있는 허망한 곳이라도 스스로 택했으면 그만이다.

우선 기차를 타고 후뤈베이얼의 서쪽 만저우리滿洲里로 갔다. 내몽고 북부를 여행한다고 하면 하얼빈哈尔滨과 만저우리를 잇는 철도가 주요 교통로이기 때문이다. 린쟝으로 가기 위해 만저우리를 출발해 초원과 습지의 땅 헤이산터우黑山头에서 하루를 묵었다.

다시 헤이산터우에서 출발하여 내몽고 최북단의 교통 요지인 어얼구나額尔古纳를 지났다. 이렇게 초원을 달려 찾아가는 린쟝은 멀기만 하다. 어얼구나 도시를 벗어나니 삼림지대가 나타났다. 구름이 내려앉은 늦은 오후의 날씨는 음산하리만치 춥다. 가는 동안 공교롭게도 앞에 교통사고가 있어 또 몇 시간을 소비했다. 결국 다른 길로 돌아가느라 어두운 밤이 돼서야 린쟝에 도착했다.

이곳은 따씽안링 자락에 위치해 있어 기후 변화도 심하다. 교통도 불편하여 비가 오면 길이 끊기는 지역도 있다. 가끔은 예고 없이 내리는 우박을 만나기도 한다.

린쟝은 남산과 북산이라는 작은 산 사이에 있다. 마을 앞으로 흐르는 어얼구나허를 이곳 사람들은 '왕찌엔허望建河'라고도 부른다. 강 건너편은 러시아 땅인데, 헤엄쳐서 건널 정도로 지척에 있다.

초지가 있는 곳에서는 언제나 말이나 양 떼들이 주인이 된다. 초원에 방목되고 있는 말의 걸음이 부자연스럽다. 자세히 보니 앞부분의 발목을 서로 묶어놓아 잘 움직일 수 없게 해놓았다. 멀리 가지 못하도록 해놓은 것이다.

이 마을에도 상업화의 물결이 서서히 스며들고 있다. 마을에는 외부에서 들어오는 관광객을 위한 숙소를 짓느라 닭 울음소리보다 망치질 소리가 먼저 아침을 깨웠다.

아낙네들은 광주리를 들고 나물을 캐러 나간다. 초원에 앉아 열심히 나물을 뜯어 광주리에 담았다. 금세 한 광주리를 담아 집으로 돌아온다. 그러더니 이 생나물이 오늘 아침 식사의 반찬으로 올라왔다. 너무도 맛이 좋아 이 나물의 이름을 묻고 찾아본 결과 중국어로 '蒲公英'이라는 민들레다. 민들레는 항암작용이 있으며 간 기능을 좋게 하고 콜레스테롤을 없애준다. 즙을 내서 먹기도 하고 무쳐 먹기도 하고 차茶로도 이용한다고 한다. 이 밖에도 이름 모를 초지의 풀들이 지표에 낮게 드리운 채 아직도 추위에 떨고 있다.

남자들은 일어나면 먼저 우리에 있는 말의 안부를 물어본다. 시간이 나면 집을 수리하거나 둘레의 텃밭에 채소를 가꾸기도 한다. 아침을 맞는 린쟝 마을 사람들의 생활 모습이다.

린쟝의 나물 캐기

사흘을 이곳에서 지내는 동안 주인아주머니는 '란메이주(블루베리주)'라는 술을 하루도 거르지 않고 주었다. 저녁이면 강변에서 잡은 피라미 종류의 민물고기로 술안주를 대신했다. 숙소의 2층 발코니에서 바라보면 마을 전체가 한눈에 들어온다. 마을의 주도로에는 짐을 실은 마차에서부터 오리, 닭, 강아지 등 가축들이 쉴 새 없이 오간다. 저녁이면 가끔씩 지나는 오토바이나 차들만이 마을의 정적을 깨운다.

린쟝은 작은 산의 협곡 속에 자리하고 있다.

마을 뒤편 산자락 아래 하얀 꽃을 피운 야광나무山荊子들이 군락을 이루고 있다. 산책을 하면서 야광나무의 꽃길을 걸었다. 나무는 꽃의 무게를 못 이겨 한껏 가지를 늘어뜨리고 있다.

북산은 야생화가 피는 초지의 산이라면 남산은 삼림으로 접어드는 산기슭을 타고 이어진다. 봄 내음 물씬 풍기는 호젓한 숲길을 걸으면서 지나간 시간에 잠시 부질없는 미련을 가져본다.

이루지 못한 것에 대한 후회와 다 하지 못한 것에 대한 아쉬움이 가득하다. 한 점 부끄럼도 후회도 없는 사람이 있을까? 오후에 길게 기울어진 그림자만큼이나 목을 늘어뜨린 내 모습을 보았다. 멀리 보이는 산하가 오늘따라 더 멀어 보인다.

강에 보이는 우리나라 지도와 비슷한 섬을 바라보며 중·러 국경 표지석에 걸터앉았다. 섬을 바라보니 고향 생각도 난다. 나라를 멀리 떠나온 이민자처럼 느껴지기도 한다.

북만주라는 지역은 본래 흑룡강성을 말하지만 내몽고 북부 후룬베이얼 지역과 인접하여 같은 생활권을 유지하며 살아간다. 이 내몽고에도 우리 민족이 살아가는 촌락들이 군데군데 있다. 바로 중국에서 살아가는 조선족이라는 사람들이다. 이들은 주로 길림성 연변을 중심으로 분포하지만 하얼빈 북쪽 지방으로도 마을을 형성하며 살아가고 있다.

중·러 경계 어얼구나허

이들이 그곳으로 간 이유는 모두가 비슷하다. 일제 강점기에 일본군을 피하여 북으로 북으로 간 사람들이다. 독립군으로 활동하다가 그곳에서 머물게 되어 살게 된 사람도 있다.

언젠가 비가 내리는 가운데 신발촌新发村이라는 조선족 마을을 찾아간 적이 있다. 신발촌은 치치하얼의 북쪽에 있는 아롱치阿榮旗라는 마을에 있다. 한 가정집을 찾아 들어갔다. 60세를 넘은 어른 두 분이 정오부터 고량주를 마시고 있었다. 우리 옛말에 이를 두고 '비 오는 날 날궂이 한다'고 말한다. 두 분 모두 부모님의 고향이 경상도와 평안도라고 한다. 전쟁이 남기고 간 아픈 현실이다. 자녀들은 한국에서 돈을 잘 벌고 있다면서 자기네를 찾아온 나를 놀라워했다. 이런 생각을 하며 표지석에 앉아 한동안 섬을 바라보고 있었다.

내몽고라는 지역도 예전에는 몽골이라는 나라의 땅으로 되어 있었다. 중·러의 이해관계 때문에 러시아가 몽골의 국가를 인정하고 중국이 몽골의 땅인 내몽고를 중국 영토로 편입시킨 역사적 사실이 있다. 내몽고에 사는 몽골인들은 몽골이라는 외몽고를 오가기도 하고 국경을 넘나들며 결혼을 하기도 한다.

산들바람이 차갑게 옷자락을 스치고 지나간다. 해가 기울면 금세 찬 공기가 마을을 덮기 시작한다. 산기슭을 내려와 마을길을 걸었다. 초원에서 배를 불리고 돌아오는 말들이 길동무가 되어 준다. 조용한 시골 마을의 밤이 촘촘히 빛나는 별을 타고 흘러간다.

이른 아침에 어얼구나허를 끼고 말 주인만이 아는 어딘가로 떠났다. 마차를 타고 가는 오솔길에서 함께 탄 아가씨들이 노래를 부른다. 이 아가씨들도 광동성과 사천성에서 온 여행자들이다. 마차의 '삐거덕' 소리가 노래의 반주만큼이나 정겹게 들려온다. 한동안 따라오던 주인집 개도 돌아갔다. 곱게 피어난 온갖 이름 모를 야생화가 들녘을 색칠하고 있다. 냇물이 흐르는 알 수 없는 숲속 어딘가에서 마차는 멈추었다.

인기척도 없는 산장에서 서너 마리의 개가 무섭게 짖어대고 있다. 냇가로 난 숲길을 따라 한참을 걸어 올라갔다. 아래로 보이는 냇물의 흐름이 숲속으로 끝없이 이어진다. 군데군데 피어난 야생화가 나를 반기듯 흔들거린다.

사흘간의 행복한 린쟝의 봄이 이렇게 흘러갔다.

내몽고 후뤈베이얼 지역과 흑룡강성 북부는 7~8월의 여름에도 큰 일교차를 보인다. 여름이지만 아침에는 서늘하다. 사람들은 햇살이 비칠 때까지는 두툼한 옷을 입는다. 초원의 무성한 풀들도 이슬을 머금고 따사로운 햇볕을 기다리고 있다. 지평선을 타고 햇살이 비쳐오면 풀들은 구슬 같은 이슬을 달고 바람에 날리며 반짝반짝 빛을 발한다. 찬란한 빛의 향연이다.

따씽안링의 숲속에 사는 동물들도 자작나무 가지 사이로 햇살이 어른거리면 몸을 부르르 떠는 동시에 기지개를 한다. 새벽이슬에 젖은 몸을 말리기 위해서다. 순록馴鹿도 햇살을 따라 걷는다. 길고 가지 무성한 뿔을 가지고도 나무 사이를 잘 헤집고 다닌다. 순록은 한자의 의미 그대로 성질이 아주 온순하다. 숲속에서 순록의 뿔을 잡고 놀아도 뿌리치지 않는다. 때로는 목을 팔로 감아보기도 하고 베개 삼아 베고 누워보기도 한다.

내몽고 껀허 지역 숲속의 순록들

순록은 중국에서 이곳 후뢴베이얼 북부 따씽안링의 어얼구나 지역에서만 서식하고 있다. 겨울에는 눈 속의 이끼나 자작나무 잎을 먹으며 겨울을 난다. 숲속에서의 여름밤은 새소리, 바람 소리를 제외하면 적막할 정도로 조용하다. 가끔 인적이 드문 산기슭을 지날 때는 갑자기 날아오르는 들꿩을 보고도 가슴을 쓸어내리곤 한다. 낮에는 나뭇가지에 가만히 앉아 밤을 기다리는 올빼미도 볼 수가 있다.

특히 울창한 숲에 잡초가 무성해지면 저녁에 종종 길을 잃어버리기도 한다. 게다가 북부 삼림지대에는 곰, 늑대, 멧돼지, 사슴 등 각종 야생동물도 살아가고 있다. 그래서 이곳에 사는 사람들은 가축을 지키기 위해 사나운 개를 사육한다. 처음 그런 개들을 만나면 두려운 마음이 앞서기도 한다.

지난번 쑤허네 집에서 개한테 먹이를 주려다 나의 장갑 낀 손을 물고, 바지를 물어 찢기까지 했던 기억이 되살아났다. 어두운 밤이 찾아와 개 짖는 울음소리가 있을 때는 밖에 나가고 싶지가 않다. 하지만 동북의 산림지대에 사는 사람들은 자주 곰이나 늑대, 승냥이 같은 동물을 이야기한다. 늑대는 숲속의 왕이라며 자랑하고, 곰은 때로 가축을 지켜주기도 하는 친근한 동물이라며 칭찬한다. 샤머니즘적인 신앙을 가지고 있기도 하다. 그들은 곰이나 늑대의 용맹성을 자신이 살고 있는 고향의 자긍심과 은근히 결부시킨다. 이동물들과 오랜 삶을 같이한 부러운 그들만의 정감 어린 이야기다.

승냥이는 어둡기 전에 무리를 지어 산에서 내려와 가축을 잡아먹기도 한다. 추운 겨울이 다가오면 굶주린 늑대나 승냥이는 사람을 두려워하지 않는다. 다행인 것은 말이나 소 등 가축들은 이런 짐승이 나타나면 재빨리 알아챈다고 한다. 말은 울음소리로 반응하고, 소는 그들이 있는 장소를 계속 응시하는 것으로 위험을 알린다고 한다.

옛날에는 말을 타고 멀리 있는 이웃집을 다녀올 때는 늑대나 승냥이 같은 동물이 무서워 총을 가지고 다녔다고 한다. 나는 아직한 번도 이 야생의 짐승을 보지 못했다. 막상 마주하면 생과 사를 결정해야 하는 시간을 맞을지도 모른다.

수확의 시기인 9월이 되면 사람이나 가축 모두가 바쁘다. 풀숲에서는 귀뚜라미의 울음을 들을 수 있기도 하고 하얀 설원의 대지를 감상할 수 있기도 하다. 이처럼 흑룡강성의 9월은 가을의 시작이면서 첫눈이 내리기도 한다. 그만큼 남부와 북부의 계절 차이를 볼 수 있는 곳이다. 기차를 타고 하루를 달려도 북쪽에 이르지 못할 정도로 넓은 광야의 땅이다.

이 시기에 남부의 삼림지대에 사는 사람들은 삼림 속으로 들어간다. 이때는 숲속에서 각종 버섯이 생산되기 때문이다. 가을비가 내린 후 맑은 하늘의 햇볕이 내리쬐면 활엽수인 참나무 둥지에서 우산 모양의 버섯이 무더기로 생겨난다.

샤오씽안링에는 아름다운 풍경을 자랑하는 이춘伊春이라는 곳이 있다.

이춘에서 버스로 두 시간 걸리는 우잉五营이라는 곳에 펑린 자연보호구丰林自然保护区가 있다. 옆으로 탕왕허湯旺河가 흐르는 계곡을 따라 들어간 이곳은 일반인의 출입이 엄격히 통제되고 있다. 탕왕허라는 명칭은 하천이라는 말과 우잉에서 가까운 곳에 있는 작은 소도시의 지명이 같이 들어있는 이름이다. 탕왕허에는 유명한 석림공원石林公园이 있다. 지난겨울에 눈 쌓인 이곳을 여행하면서 일선천一线天이라는 바위틈을 지나간 기억이 새롭다. 바위틈이 얼마나 좁은지 두툼한 겨울옷이 찢기는 와중에 몸을 바위에 비비며 간신히 빠져나갔다. 이춘의 씽안산림공원兴安山林公园에서는 비닐을 깔고 미끄럼을 타며 산길을 내려왔다. 내려오는 동안은 즐거워서 몰랐지만 숙소의 침상에 누우려니 상처 난 엉덩이 꼬리뼈의 피부가 아파왔다. 며칠을 참고 다니면서도 그 당시에는 즐거웠다. 이렇게

이춘 심림공원의 낙엽송

여행이란 옷이 해지고 피부가 긁히더라도 자신이 저지른 실수를 이해하는 시간이기도 하다.

현지인과 함께 몰래 펑린자연보호구의 숲속으로 숨어들었다.

한 아름으로 안을 수 없는 굵은 소나무들이 하늘을 찌를 듯 곧게 자랐다. 이곳에서만 군락을 이루고 서식한다는 붉은 소나무 '홍송紅松'이다. 낙엽송은 벌써 노랗게 변해 버린 바늘잎을 떨어뜨리고 있다. 파란 하늘에 하얀 구름이 바람을 타고 지나가고, 낙엽송의 잔가지들은 바람에 흔들리며 노란색의 바늘잎들을 떨어뜨리고 있다. 잠시 하늘을 보며 맑은 공기를 향해 심호흡을 해본다. 가슴속의 찌든 노폐물이 모두 몸 밖으로 토해지는 기분이다.

가끔씩 산림 관리인이 차를 타고 지나간다. 낙엽이 쌓이는 이 무렵에는 화재 예방을 위해 불씨가 될만한 것이 없는지 소지품 검사를 한다. 산 정상의 탑에는 하루 종일 산불 감시원이 광활한 숲을 내려다보고 있다. 그는 이 삼림 지역이 중국 과학 연구소에서 지정한 자생식물연구지역이라고 한다.

계곡물이 졸졸 흐르는 숲속에서는 가끔씩 여인네들의 인기척이 들려온다. 길에는 아줌마들을 태우고 들어온 봉고차가 숲속에 가려진 채 세워져 있다. 어떤 중년의 남자는 잣을 담은 자루를 어깨에 메고 내려온다. 버섯을 따가지고 온 아줌마들은 차에 싣고 급히 집으로 돌아간다.

이곳 동북지역은 세계적으로 송이버섯이 많이 생산되는 지역이다. 관광지에는 매표소 주변으로 커다란 영지버섯도 많이 진열해

놓고 판매하고 있다. 이 밖에도 우리가 흔히 말하는 잡버섯이라는 것들도 우후죽순처럼 숲과 나무에 기생하듯 붙어있다.

삼림이 우리에게 주는 가을의 풍성한 선물이다. 집집마다 따 온 버섯을 멍석에 널어 말리기도 하고, 실로 엮어 담이나 처마 밑에 걸어두기도 한다. 길을 걸으면 버섯 냄새가 마을에 가득히 풍겨온다.

중국에서 가장 고급 요리 재료로 이름을 올린 네 종류의 유명한 재료가 있다. 그중에 버섯 요리가 한 부분을 차지한다. 금사연이라는 바다제비의 집에서 추출한 털로 만든 '옌워燕窩', 곰의 발바닥이라는 '슝장熊掌', 상어 지느러미인 '위츠魚翅', 마지막으로 노루궁뎅이버섯이라는 '허우터우꾸猴头菇'라는 버섯이다. 이런 음식들은 실상 맛보다는 그 희귀성 때문에 유명해진 게 아닌가 하는 생각이 든다.

무딴쟝牡丹江 동쪽에 리쑤쩐梨树鎮이라는 마을을 여행하다가 가정집을 들른 적이 있다. 촌마을을 둘러보면 마당에 참나무를 쌓아놓은 집들이 많다. 이 참나무에 자연스레 버섯이 달리곤 한다. 때마침 내가 묵는 집에 쌓여 있는 참나무 속에서 '허우터우꾸'라는 유명한 버섯이 달린 것을 보았다. 사흘을 지내는 동안 아주머니는 나를 위해 이 버섯 요리를 해 주었다. 맛이야 어떻든 중국의 유명한 요리를 맛본다는 생각에 마냥 뿌듯했다. 이 무렵 시장에 나가보면 버섯을 파는 아줌마 부대가 길에 좌판을 깔아놓고 손님을 기다린다.

짧은 가을은 순간에 지나간다.

그렇게 느껴진다. 서리가 내릴 시간도 없이 눈이 내리기 때문이

노루궁뎅이 버섯

다. 내몽고 후뢴베이얼과 흑룡강성 북부의 겨울나기는 만만치 않다. 대부분의 삼림지대는 임장林場이라는 이름으로 삼림이 관리되고 있다. 이 밖에도 흑룡강성과 내몽고는 농장과 목장으로 구분되어 관리되는 곳이 대부분이다.

또 삼림지대로 잇는 철도 변에는 목재소가 있다.

이 목재소는 겨울에 바쁘다. 일반적으로 나무의 생장기인 봄과 여름에는 벌목을 하지 않는다. 그렇다고 일 년에 나무의 생장이 크게 이루어지는 것도 아니다. 겨울이 길다 보니 생장일수가 짧기 때문이다. 내몽고 북부의 경우는 생장 기간이 70일 정도라고 한다. 지구 온난화 현상으로 조금 늘어났다고 하지만 석 달을 넘지 못한다.

추운 겨울 모얼따오까의 삼림을 여행한 적이 있다. 이곳은 내몽고 후뢴베이얼 북부에 있는데 중국 최대의 삼림공원과 목재 적재소가 있다. 삼림공원이 얼마나 넓은지 기차를 타고 둘러봐야 할 정도란다. 애석하게도 겨울에는 기차 운행을 하지 않는다고 한다. 그러면서 기차를 보관해 둔 창고로 나를 안내했다. 기차를 타고 맑고 울창한 숲속을 누비고 다니면 일상에서 마주했던 성가신 잡념들이 다 사라질 것만 같았다.

마을로 돌아온 목재소에는 가끔씩 목재 운반 차량이 들어왔다가곤 한다. 몇몇 작업꾼들이 목재를 내린다. 목재소에 철로를 따라 목재가 들어오면 철로 변에 세워진 기중기 역할을 하는 긴 통나무를 이용하여 차에서 내린다. 때로는 실수하여 안전사고도 많이 일어나곤 한다. 줄이 끊어지거나 나무 묶음이 균형이 맞지 않아 옆으로 넘어지면 어떤 사고를 유발할지 모른다. 우리는 삼림에서 나무를 베고 나르는 사람들을 벌목공이라고 부른다.

커이허 목재소

우리나라가 전쟁이 끝나고 힘들었던 1960~1970년대에 인생 막장인 직업을 탄광에서 석탄을 캐는 직업이라고 했다. 일명 광부라는 사람들이다. 이와 같이 예전에 흑룡강성에서 제일 힘든 직업 중 하나가 바로 삼림에서 일을 하고 있는 벌목공이다.

이들은 작업을 하면서 언제 닥칠지 모를 위험을 늘 안고 살아가는 사람들이다. 탄가루의 분진 속에서 일을 하다 보니 광부 중에는 진폐증이라는 질병을 앓는 사람들도 많았다. 마찬가지로 모든 것이 수작업으로 이루어지던 시절에 벌목공은 몸에 성한 곳이 한 군데도 없을 정도였다. 이제는 그나마 작업의 기계화로 인하여 예전보다 많이 개선된 공정으로 작업을 하고 있다.

이곳 목재소의 굵은 목재는 대부분 러시아에서 수입되어 가공을 거쳐 중국 전역에 운송된다. 러시아는 삼림이 넓고 인구가 적어 오랫동안 벌목되지 않은 나무가 많다 보니 굵은 목재가 많이 산출되는 것이다.

11월만 해도 벌써 겨울의 한복판에 있다.

모얼따오까의 마을 가까이 있는 용산공원의 나무계단 길을 올랐다. 길옆으로 자라있는 자작나무 숲길이 길게 이어진다. 마을이 한눈에 내려다보이는 곳에서 멈추었다. 눈을 머리에 이고 있는 마을 지붕들이 무게를 이기지 못한 듯 낮게 드리워 있다. 명성에 걸맞게 목재소가 마을의 반을 차지할 정도다.

산에서 내려와 마을길을 걸었다. 가정집들은 벌써 겨울을 나기 위한 땔감을 준비해 두었다. 어떤 이는 자신이 직접 땔감을 준비하기도 하지만 시간이 부족한 사람들은 땔감을 사기도 한다. 집안뿐만 아니라 집 담 주변에도 가지런히 땔감을 쌓아 두었다. 마을길을 걷다 보면 담벼락이 장작으로 덧칠해진 기분마저 든다. 집집마다 목재를 자를 수 있는 전기톱을 가지고 있다. 겨울이 머무는 동안에는 땔감이 이들의 가장 소중한 재산이다.

식수를 길어 가는 중년의 남자를 따라 집을 방문했다. 마침 할머니가 집안에 계셨다. 아들이 할머니에게 나를 소개했다. 할머니

모얼따오꺼 목재소

는 멀리서 온 손님이라고 친절하게 대해 주셨다. 창문에 놓여 있는 담배를 내어주며 피우라고 권하기도 하셨다.

잠시 집안을 둘러보았다. 두 칸의 방과 주방이 공간의 전부다. 창에는 들어오는 바람을 막기 위해 테이프와 종이가 더덕더덕 엉성하게 붙여져 있다. 햇빛이 들어오는 창가에 몇 개의 화분과 타다 남은 양초가 놓여있다. 이곳은 폭설이나 천둥 번개가 치면 가끔씩 정전이 된다. 화분 사이로 연로한 할머니의 약봉지가 수북하다. 몸이 불편하신 할머니가 이용하는 이동식 좌변기가 의자처럼 만들어져 있다. 빨래한 옷도 나무 걸이에 걸어 창문 옆에 두었다.

할머니는 가끔씩 창문을 보고 계셨다.

마실 나간 할아버지를 기다리고 계시는 모양이다.

주방은 식사가 끝나면 거실로 이용된다. 찬장을 열어보니 몇 개의 그릇과 알 수 없는 조미료 봉지밖에 보이지 않는다. 일손을 놓는 한겨울에는 두 끼의 식사로 하루를 보낸다고 한다. 어둠이 찾아올 즈음 할머니에게 이별의 인사를 드렸다. 할머니는 힘든 몸으로 문밖까지 나와 나를 전송해 주셨다.

숙소를 향하여 마을길을 걸었다. 눈이 쌓인 혹한의 삼림 속에서 집집마다 방에서 새어 나오는 한줄기 등불이 따스하게 느껴진다. 아궁이에 장작을 때어 불을 지핀다. 솥에 갖가지 음식 재료를 넣어 먹을거리를 볶기도 하고 삶기도 하면서 음식을 만든다. 가족이 한자리에 모여 식사를 한다. 서로 오늘 있었던 이야기를 하면서 밤을 보낸다. 봄이 오기까지 산촌의 겨울나기는 이렇게 지나가고 있다. 겨울밤이 주는 따뜻하고 행복한 시간이다.

언젠가 하얼빈에서 눈의 숲, 설림雪林이라 불리는 쉬에썅雪乡을 찾아 떠난 적이 있다. 하얼빈 터미널에서는 아침부터 호객꾼들이 "야부리亞布力"와 "쉬에썅"을 외치고 있다. 야부리는 동북에서 가장 훌륭한 스키장이 있는 곳이고, 쉬에썅은 '설향'을 말한다.

한번은 내몽고 자란툰의 금용산스키장金龙山滑雪场에 가 보았다. 많은 젊은 남녀들이 밝은 햇살을 받으며 스키를 타고 내려오고 있다. 다른 사람이 타는 것을 보니 정말 멋져 보였다. 막상 스키를 타 보니 만만치 않았다. 스키를 발에 걸쳐서 잘 걸을 수도 없었거니와 넘어지면 늘 다른 사람의 도움을 받아야 일어날 수 있었다. 잠시 스키장의 기억이 스쳐 간 순간이다.

버스는 무딴쟝 방향으로 한참을 달린다.

쉬에썅은 무딴쟝시 가까이에 위치한 작은 산촌이다. 유달리 눈이 많이 오는 지역으로 눈이 쌓인 겨울 풍경이 너무 아름다워 붙여진 이름이다.

차는 쉬에썅을 가면서 몇 번을 멈추었다. 이럴 때마다 관광객들은 내려서 여러 가지 겨울 놀이기구를 즐긴다. 모터 스키, 말, 하물며 탱크까지 있어 겨울 눈 놀이를 만끽한다. 설곡雪谷이라는 곳은 눈이 무릎까지 차올라 길이 아니면 다니기도 힘들다. 설곡에서는 멧돼지를 구경하기도 한다. 관람료만 해도 인민폐 500원이 소요되는 곳이다. 삼림의 나무가 눈의 무게에 못 이겨 가지를 축 늘어뜨리고 있는 사이를 걸어본다. 가끔씩 바람이 지나면서 가지 위의 눈발을 떨어뜨리면 창공은 반짝반짝 은구슬이 휘날린다.

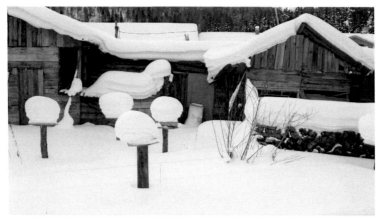

쉬에샹雪乡의 겨울

동북의 겨울 풍경은 설경의 천국이다.

겨울의 생활을 잊어버린 동북의 이야기는 의미가 없을 정도다. 함께한 여행자들은 모두 중국 남부지방에서 왔다. 이들은 겨울눈을 보기 힘들기 때문에 더욱 이곳을 찾는다. 반대로 흑룡강성 사람들은 겨울에 따뜻한 해남도로 간다. 그래서 이곳 사람들은 해남도를 '흑룡강성 해남시' 정도로 말한다.

쉬에샹에 도착했다. 쉬에샹은 '눈의 고향'이라고 말해도 좋고 '눈의 마을'이라고 표현해도 좋다. 눈의 세계에서 존재하는 산속의 작은 마을이 아름다운 홍등에 휩싸여 있다. 산기슭 나란히 있는 소나무에 반짝반짝 빛나는 성탄 트리도 만들어 놓았다. 눈에 묻힌 아주 작은 마을이 사람들로 북적인다. 집집마다 처마 밑에는 수염 같은 긴 고드름을 달고 있다. 마을길을 걸으면서 밤의 풍광을 추억의 사진으로 담아본다.

어릴 적 이런 시절이 내 고향 속리산에도 있었다. 겨울이 찾아오면 마을 앞에 우뚝 솟아있는 남산에 눈이 소복이 내리곤 했다. 밤에 바람이 산기슭을 타고 지나가면 눈사태가 날까 두려운 마음에 더욱 이불 속을 파고 들어갔던 기억이 있다.

쉬에썅의 분위기에 어울리지 않게 눈을 치우는 대형 불도저가 지나간다. 곧바로 개썰매가 손님을 태우고 마을을 누빈다. 어둠 한편에는 내일 손님을 맞을 말들이 찬바람을 맞으며 추운 밤을 보내고 있다. 이곳은 11월부터 다음 해 4월까지 6개월 동안 눈 속에서 겨울을 보낸다. 하지만 쉬에썅에 사는 이들에게 겨울은 하늘이 준 값진 선물일지도 모른다. 추운 겨울에 맛보는 아이스크림이 차갑지 않은 것도 이한치한이라고 해야 할까? 눈발이 스쳐 가는 추운 어둠 속에서도 장사꾼의 외침은 멈추지 않고 있다. 나는 깊어가는 겨울밤을 맞이하고서야 잠자리에 들었다.

아침에 두툼하게 옷을 걸치고 마을길을 나섰다. 나보다 더 부지런한 사진작가들이 마을 구석구석을 다니며 카메라를 들이대고 있다. 마을이 한눈에 보이는 망루를 향해 걸었다. 망루에 올라 마을을 둘러보았다. 쉬에썅의 마을이 한눈에 들어온다. 백여 가구 정도가 사는 아늑하고 조용한 마을이다. 모든 것이 고향처럼 포근하고 아름다운 정경이다. 가지런히 늘어선 눈에 묻힌 가옥들이 간신히 겨울의 무게를 지탱하고 있는 것처럼 보인다. 굴뚝에서 피어오르는 연기가 파란 하늘에 선을 그리듯 춤을 추며 허공을 향해 날아간다.

떠난다는 것은 연인의 이별처럼 슬픈 일이다. 아쉬운 시간을 뒤로하고 우송따오霧凇島의 '우송霧凇'을 보기 위해 쉬에쌍을 떠났다.

밝은 햇살이 비쳐오는 차창가에 머리를 기댔다. 나도 모르게 눈이 '스르르' 감겨온다. 따씽안링과 샤오씽안링의 준령을 따라 걸었고, 버섯 냄새에 취한 숲속으로의 여행도 있었다. 순록과 함께 뛰놀았고 벌목공의 애환도 함께 느꼈다. 동북의 북만주지방에서 살아가는 소박한 사람들의 이야기가 더없이 그립다.

5부

북만주의 소수민족
그리고 축제

　　　　．
　　　　．
　　　　．

　　　　오늘날 중국 지도상에 동북삼성東北三省이라
고 하면 요녕성, 길림성, 흑룡강성을 말한다. 즉, 중국의 수도가 있
는 하북성 위쪽에 위치한 세 개의 성이다. 하지만 북만주는 만주
지방에서도 북쪽에 위치한 흑룡강성을 말한다. 실상 동북부 지역
이라고 하면 내몽고의 북쪽도 이야기하지 않을 수 없다. 흑룡강성
과 내몽고 북부는 지리적 환경이나 역사적 이해관계가 늘 함께 해
왔기 때문이다.

　　이곳에 사는 소수민족은 그리 많지는 않지만 몽고족, 만주족, 조
선족은 흔히 들어본 소수민족이다. 그런데 어뤈춘족鄂倫村族, 다월
족达斡尔族, 어원커족鄂溫克族이라는 소수민족들은 생소하다. 이들
은 대부분 따씽안렁이라는 북부 내몽고와 흑룡강성의 서쪽 삼림
지대에서 생활해 왔다.

　　처음으로 간 곳이 치치하얼에서 북쪽에 위치한 쟈거다치加格达奇
라는 도시다. 소수민족인 어뤈춘족은 쟈거다치에서 멀지 않은 아
리허阿里河촌을 중심으로 살아가고 있다. 이들은 중국의 소수민족
중에서도 인구가 만 명도 안 되는 아주 작은 민족이다. 이곳에는

어룬춘 박물관이 있고, 습지공원과 가시엔똥嘎仙洞이라는 동굴이 있어 여름이면 사람들이 많이 찾는다.

아침에 아리허의 어룬춘 박물관으로 향했다. 박물관의 규모는 의외로 대단하다. 겨울이라 찾는 여행자가 그리 많지 않다고 한다. 내부는 당시의 수렵생활뿐만 아니라 의식주에 대한 소수민족의 이색적인 삶을 잘 전시해 두었다. 언젠가 우리나라 TV에서도 방영한 소수민족이다. 지금은 시대의 변천에 따라 그들의 삶도 모두 현재 우리네의 삶과 다를 바 없이 변화되어 있다.

다음으로 찾아간 곳이 다월족의 거주지이다. 사실 내몽고 북쪽을 여행한다고 하면서 본래 가고자 했던 곳은 모치莫旗라는 곳이다. 모치는 너허라는 도시와 넌쟝이라는 강을 사이에 두고 가까이 있다. 모치는 모리다와치莫里达瓦自治旗라는 지역명을 줄여서 사용하고 있는 다월족자치주다.

버스 터미널에도 다월족 터미널이라고 쓰여 있어 누구나 소수민족의 지역임을 금방 알 수 있다. 이곳에서도 시내 중심에 있는 박물관에 들렀다. 하지만 겨울이라 박물관이 문을 닫아 버렸다. 이곳에서 근무하는 분을 어렵게 만나 한국에서 왔는데 구경을 했으면 좋겠다고 청했다. 그가 여기저기 전화를 걸더니 관리원이 와서 문을 열어주었다. 그분은 친절하게도 나와 동행하면서 다월족의 생활상까지 소개해 주었다.

박물관의 규모도 어룬춘 박물관에 못지않다. 이들의 살아가는 방식도 어룬춘족과 크게 다르지는 않았다. 당연한 이야기이지만 같은 자연환경에서 살다 보면 삶의 방식이 많이 다를 수는 없을 것이라고 생각된다.

어룬춘족의 생활상

다월족은 인구가 10여만 정도라고 한다. 어룬춘족에 비하면 아주 인구가 많은 소수민족이다. 다월족의 마을 생활을 둘러본다고 다월족 민족원을 찾아갔다. 하지만 아무리 둘러보아도 겨울 동토의 땅에 그들은 숨죽인 듯 보이지 않았다.

마지막으로 찾은 어원커 박물관은 내몽고 최대 도시인 하이라얼 海拉尔에서 가까운 난툰南屯에 위치한다. 추운 겨울인데도 몇몇 여행자들이 어원커 박물관을 찾았다. 어원커족은 의식주 도구가 모두 목축, 수렵생활과 관련이 많은 반면, 농경시대의 흔적은 그리 많지 않았다. 어원커족이 살고 있는 곳은 내몽고 북부의 어얼구나額

尔古纳와 껀허라는 곳이다. 인구는 3만 명 정도인데 이들은 유달리 순록과 함께 생활한 흔적이 더욱 돋보인다.

동북의 생소한 소수민족을 찾아 여행하는 시간이 이렇게 흘러갔다. 여름에 다녀갈 때는 무심코 지나친 곳들에서 나름대로 소수민족의 생활을 엿보는 시간이 되었다.

아오루구야敖魯古雅 숲속에서 순록과 함께 뒹굴던 추억을 못 잊어 다시 껀허로 향했다. 기차를 타고 가면서 하얗게 빛나는 설원 속에 지나간 추억의 시간을 되돌려보았다. 여름에 다녀갈 때는 그저 단순히 이색적인 삶이라고만 여겼던 곳이다. 껀허에서 본 순록과 함께 살아가는 사람들이 어원커족이라는 것도 이제야 알았다.

그런데 흑룡강성 동쪽에는 허저주赫哲族(혁철족)라는 또 다른 소수민족이 살고 있다. 반년이 지난 뒤 중·러 국경지대를 흐르는 연해주의 우수리강乌苏里江지역을 여행하면서 알게 되었다. 이 소수민족은 야오허饶河라는 도시를 중심으로 살아가고 있다. 이제는 인구가 고작 백여 명 정도밖에 없을 정도로 극히 적다고 한다. 박물관이 개장을 하고 있는지 택시 운전수가 알아본 뒤에 길을 서둘렀다.

비가 부슬부슬 내리는 가운데 허저주박물관으로 가기 위해 30분 정도를 달렸다. 길옆으로는 강물이 불어 대지가 습지로 변해 버렸다. 도착하여 박물관을 보니 아담한 정원의 숲속에 자리 잡은 작은 건물 하나가 눈에 띄었다. 예전에 이들은 후린虎林이라는 도시를 중심으로 길게 뻗어 있는 산림 속에서 수렵생활을 했다. 또 우수리강을 따라 어렵생활을 하며 생계를 이어갔다. 박물관 내부에는 짐승과 물고기를 잡는 데 사용된 기구들이 가지런히 놓여 있다. 물고기 껍질을 이용하여 만든 옷과 신발을 진열한 것이 매우 인상적이다.

허저족의 고기비늘 신발

얼마 지나지 않아 이들의 민족은 사라질지도 모른다. 이 소수민족을 만날 수 있느냐고 물었더니 이곳 복무원인 자신도 만나보지 못했다고 한다. 어쩌면 여러 인종이라는 품종 중 하나가 소멸되는 것일 수도 있다는 생각에 안타까운 마음이 들었다.

동북지방의 정 반대편인 서남쪽 운남성에 위치한 독룡강独龙江을 여행한 적이 있다. 그곳에서 만난 두롱족独龙族은 중국 서남쪽에서 산간지역의 삶을 살아가고 있다.

이곳 두롱족도 인구가 5천을 넘지 않는다고 한다. 이곳 여인들은 특이한 풍습을 가지고 있었다. 그들은 얼굴에 문신으로 점들을 새겨 넣는 '원미엔(紋面)'이라는 행위를 하였다. 하지만 지금은 아쉽게도 이런 풍습이 사라진 상태라고 한다.

원미엔은 보통 7~8세의 여자아이에게 행해진다고 한다. 원미엔을 하고 나면 약 두 달 동안은 얼굴의 통증을 감내해야 한다. 현재 원미엔을 한 여인은 마을마다 몇 분밖에 남아있지 않다. 그마저도 모두 육십 세를 넘은 분들이라고 한다. 지금 남아있는 오십 명 정도의 이들이 죽고 나면 원미엔을 한 여인이나 풍습 모두가 사라질 것이다.

원미엔은 여인의 미용을 위해서 한 행위라고도 하고, 추한 모습을 보이도록 하여 다른 남자들로부터 자기 아내를 지키기 위한 방법이라고도 하고, 또 산속의 짐승들이 위협을 느끼도록 하여 자신을 지키기 위한 행위였다고도 한다. 어느 것이 정설이든 여자의 본심은 아무도 모른다. 오직 아름다움을 향한 여인의 마음은 질투만큼이나 지독히도 따라다니는가 보다.

이 마을들을 지나면서 본 여인들은 베틀에서 천을 짜거나 밭에서 땅을 일구고 있다. 남자들은 방에서 음악을 듣고 있거나 그늘에서 놀고 있는 것이 자주 보인다. 가끔씩 오토바이를 타고 어딘가를 다녀오곤 하는 것만이 이 마을에서 느낄 수 있는 유일한 생동감이었다.

인류가 살아오면서 자연스레 가지게 되는 풍습이 어느 순간부터 사라져 가는 것을 볼 때 인류의 역사도 퇴보의 길을 걷는 것은 아닐까 하는 생각을 해본다.

이곳 동북에 사는 이들은 원시 산림 속에서 나름의 생존법을 터득해 수렵과 어렵으로 살아가고 있다. 인간이 어떠한 환경에서 어떻게 살아가느냐에 따라 만들어진 문화가 인간의 역사를 만든다는 사실이 새삼 느껴진다.

이곳에서 생활하는 소수민족의 박물관을 모두 둘러보았다. 그들은 이런 박물관을 가지고 있다는 사실로 자긍심을 높이고 있는지도 모른다. 참관을 하면서 중국 정부의 소수민족을 위한 정책이 얼마나 세심한지를 느낄 수 있는 기회이기도 했다.

2015년 여름, 처음 발을 디딘 동북 여행이 내게는 너무도 인상적이었나 보다. 이후 4개월이 지난 겨울에도 설원의 아름다운 풍경에 취한 여행을 했었다. 현지인들은 동북의 소수민족 축제를 보면 더욱 매력적일 거라고 자랑을 했다.

어디든 축제는 즐거운 한마당 잔치다. 중국을 다니면서 다른 지역의 축제도 많이 보았다. 특히 다양한 소수민족이 살고 있는 귀주성이나 운남성은 매일마다 축제라고 할 정도로 곳곳에서 행사가 열린다. 소수민족의 장마당을 가서 그들과 함께 다니기만 해도 하루가 즐겁다. 동북에서 처음 축제를 찾아 떠난 곳이 몽고족의 겨울 '나다무' 축제다.

하이라얼海拉尔 나다무那达慕 축제

하얀 설원의 대지는 어둠에 잠기고 있다.

창문에는 성에가 시야를 가리기 시작했다. 기차의 '덜그렁' 소리만이 침상에 들려온다. '꽈쩔'이라고 하는 해바라기 씨를 까먹는 것을 그만두고 잠자리에 누웠다. 밤 10시만 되면 소등을 하기 때문이다.

10시간 정도 걸렸을까. 저녁에 탄 기차는 새벽에 내몽고 북부에 있는 최대 도시 하이라얼에 도착했다. 지난해 여름 기차로 이곳을 경유해 러시아와 인접해 있는 만저우리滿洲里에 갔던 기억이 엊그제처럼 다가온다. 그 당시 하이라얼을 경유해 북쪽의 건허라는 곳에 갔었다.

그런데 이렇게 또 오다니. 나 자신도 놀라지 않을 수 없었다. 이처럼 한 치 앞을 알지 못하는 것이 우리네 삶인가 싶었다. 기차에서 내리니 치치하얼보다 훨씬 추웠다. 호객 행위를 하는 아줌마를 따라 어느 아파트의 숙소에서 몸을 녹였다.

내일 있을 '나다무' 축제를 보기 위해서 여기까지 왔다. '나다무' 축제는 몽골의 여름 초원에서 행하여지는 '나담' 축제와 다를 바 없다. 몽골을 여행하면서 '나담' 축제는 보았지만 겨울에도 축제가 있다는 것에 놀랐다.

오후에 가까운 삼림공원에 가려고 나서는데 숙소 아주머니가 바지를 하나 더 입으라고 권한다. 이곳은 겨울이면 항상 영하 30도를 유지한다고 한다. 역시 추운 지역임을 실감하고 있던 터였다. 시장에 가서 방한복 바지를 사고 삼림공원을 향해 길을 나섰다. 두툼한 바지 때문에 어기적거리는 걸음을 추슬러야만 했다. 한 무리의 여행자들이 동행했는데 '나다무' 축제를 보려고 광동성 광주와 북경에서 왔다고 한다. 야트막한 산을 오르는데 눈 덮인 나무계단이 더 미끄러웠다. 누군가 지나간 계단 옆 숲길을 따라 백색의 삼림을 미끄러지듯 걸었다. 햇살이 하얀 눈에 반사되어 반짝반짝 빛을 발하고 있다. 백설의 풍경 속에서 오후를 즐긴 후 공원을 나와 시장으로 향했다.

양의 심장

언제나 넘쳐나는 양고기와 어른 주먹만 한 양羊의 심장을 모아 놓은 길거리 노점이 눈에 들어온다. 어디서 왔는지 각종 채소와 과일도 즐비하다. 신장위그루자치구에서 온 매우 굵은 대추와 건포도가 보인다. 놀라운 것은 한국산 곶감까지 여기에 있다는 점이다.

갑자기 '뻥' 하는 소리에 놀라 바라보니 튀밥 장수 아저씨가 튀밥을 열심히 꺼내고 있다. 금방 튀긴 튀밥 냄새가 코끝을 자극했다. 따뜻한 튀밥 한 봉지를 샀다. 주인은 봉지에 공간이 없을 정도로 가득 담아 주었다.

이내 숙소로 돌아와 내일 축제를 보기 위해 휴식을 취했다. 창문으로 바라본 낮게 깔린 주택들도 추위와 어둠 속에 짓눌린 듯 모두 하얀 눈에 덮여 있었다. 어찌 보면 고요하고 어찌 보면 적막한 느낌마저 드는 풍경이다.

날이 밝았다.

이곳은 적어도 8시가 넘어야 사람들이 움직이는 것 같다. 가까운 식당에서 아침을 먹고 '나다무' 축제가 있는 곳으로 출발했다. 우선 10원을 주고 버스로 천치陈旗라는 곳까지 간다. 눈을 치운 도로만이 검은 실처럼 길게 늘어져 있다. 가끔씩 보이는 공장에서 내뿜는 연기가 청정 대지 위를 그슬리듯 바람 타고 지나간다.

낮은 가옥들의 지붕은 눈으로 덧칠된 듯 잘 보이지 않을 정도다. 20여 분을 달렸다. 천치에 도착하니 다시 20여 킬로미터 떨어진 몽고족 게르가 있는 어느 벌판으로 가라고 한다. 그곳으로 가려면 대중교통이 없어 택시를 타야만 한다. 여기까지 온 이상 추위를 감내하고 벌판으로 향했다. 한참을 달리니 저 멀리 차들이 도로에 길게 멈추어 있다. 눈 속에 얼음조각을 해놓은 조각품들이 잘 보이지 않을 정도로 눈이 부신 아침 햇살이다.

차에서 내리니 허허벌판에 부는 찬바람이 매섭게 얼굴을 스치고 지나간다. 설원 벌판에 길게 늘어선 몽고족의 게르가 보인다. 게르마다 가운데에 세워진 굴뚝에서는 쉴 새 없이 연기가 피어올랐다. 마치 허공을 향해 몸부림치는 대지의 아우성처럼 보인다.

사진을 찍으려고 장갑을 벗으면 손가락이 바로 얼어버려서 감각을 잃는다. 카메라 충전 배터리의 소모도 빨라진다. 오른손은 장갑을 끼는 대신 겨드랑이에 손을 끼우고 다녔다. 사진을 찍는 순간에만 잽싸게 손을 꺼내곤 했다. 이곳에 사는 몽고족들도 추위에 떨기는 마찬가지다.

'나다무' 축제는 일반적으로 여름에 푸른 초원을 무대로 열린다. 겨울에 '나다무' 축제를 한다는 말을 들어보지 못했다. 그런데 이번 축제가 3회째 열리는 것이라고 한다. 혹독한 찬바람 속에서도 여행자들은 '나다무' 축제를 즐기는 데 집중했다.

하이라얼 나다무 축제

몽고 기마민족의 상징인 말 동상이 공연장 가운데 위엄 있게 서 있다. 그들은 옛 영광을 꿈꾸듯 갖가지 행렬을 보이며 동상 앞을 지나간다. 전통의상을 입은 몽고족 청년과 여인들이 춤을 추고 노래를 부른다. 낙타 썰매 행렬이 지나가고 경주마가 어디선가 달려오고 있다. 구경하려는 사람들은 좀 더 가까이서 보려고 한 발짝씩 앞으로 나아간다. 경찰관들은 위험표지선을 지키라고 소리를 지르며 사람들을 떠밀고 있다.

과장이고 미화일까? 말발굽에서 튕겨나는 눈보라가 하늘로 솟구쳐 공중으로 흩날리며 사라져 갔다. 마치 말을 타고 있는 강한 몽골인들에게서 옛날의 영광스러운 역사가 보이는 듯하다. 선두마가 힘차게 들어오는 순간 사람들은 '와' 하는 함성과 함께 그를 향해 움직였다. 한동안 관중들은 이리 쏠리고 저리 쏠리기를 반복했다.

도심의 그림 가게를 지나다 보면 말을 그린 그림을 보곤 한다. 화폭에 담은 말의 그림을 보면 일반적으로 여덟 필이다. 이유는 '부'를 상징하는 '8'이라는 숫자 때문이라고 한다. '9'라는 숫자 역시 장구한 시간이라는 의미를 담고 있어 화폭에 아홉 마리 용龍의 그림을 많이 그린다.

사람, 말, 낙타 모두 차가운 허공을 향해 입김을 토해내고 있다. 몽골인과 함께 사진을 찍자고 하면서 얼굴을 보았다. 눈썹과 입가에는 고드름이 달린 듯 하얀 성에가 매달려 있다. 아이를 안은 엄마의 머릿결이 세찬 바람에 수평으로 흩날리고 칼바람을 맞는 눈에서는 눈물이 흐르고 얼굴의 광대뼈는 시리다 못해 통증이 느껴진다.

벌판에 세워진 간이화장실을 보면서도 갈 엄두가 나지 않는다. 바지를 내리기보다는 참는 것이 더 편할 것 같다는 생각이 들 정도다. 안으로 들어가니 칸막이 없는 변기만이 10여 개 놓여 있다. 여인들에게는 더없는 불편함일 거라는 생각도 든다. 들판 아래로 사람이 밟지 않은 평지가 보였다. 자세히 보니 호수다. 여름이면 온갖 물고기가 춤을 추고 있을 파란 호수가 은백의 빛으로 꽁꽁 얼어 있다.

추위를 견디지 못하고 게르로 들어갔다. 구경 온 사람들과 축제의 공연을 하는 현지인이 엉켜서 난로에서 떠날 줄을 모른다. 이 황량한 벌판에서 사람들은 '나다무' 축제라는 이름으로 약속이나 한 듯 이렇게 만나서 하루를 즐기고 있다.

밖으로 나오니 공연장에 사람들이 또 한 번 술렁거린다. 몽골인의 전통 씨름이 시작된 것이다. 민소매로 힘을 겨루고 있는 젊은이들의 입에서 나온 하얀 연기가 얼굴을 가릴 정도다. 한 번씩 경기가 끝날 적마다 공간은 더욱 좁아져 갔다. 가까이서 보려는 사람들이 계속 앞으로 나아가고 있다. 우승을 차지한 젊은이는 추위를 잊은 듯 기뻐하고 있다. 두 시간이라는 시간이 흘렀다. 오후에는 공연이 없다고 한다.

사람들이 돌아가는 행렬에서 또다시 분주하게 움직이기 시작한다. 공연장에는 찬바람만 매섭게 불고 있다. 그들의 틈새에서 보낸 시간을 뒤로하고 하이라얼로 돌아왔다. 축제를 즐겼다는 기쁨보다 혹독한 추위 속에서 세 시간 이상을 헤매고 다녔다는 뿌듯함이 더 컸다. 아직도 시려 오는 광대뼈를 주무르며 침상에 누우니 어느 해 한여름 몽골 여행에서 보았던 '나담' 축제의 향연이 되살아나고 있었다. 추위에 힘들었지만 그들의 축제를 통하여 새로운 문화를 경험하는 것도 여행 중에 접하는 값진 소득이다.

렁지촌冷極村 크리스마스

중국에서 가장 추운 곳인 렁지촌에 간다.

그곳에서 크리스마스 축제가 열린다. 내몽고 북부 최대 도시인 하이라얼海拉尔에서 껀허로 향하는 야간기차에 몸을 실었다. 밤새 달린 기차는 어둠이 가시지 않은 새벽 껀허에 도착했다. 기차에서 내리자마자 방한용 바지를 하나 더 껴입었다. 이곳 현지인의 말에 따라 하이라얼에서 준비한 옷이다.

역 앞은 황량하고 쓸쓸해 보였다. 식사를 하려고 주변을 둘러보니 단 한 곳에서 문틈으로 음식 끓이는 열기가 성에가 되어 밖으로 흘러나온다. 식당으로 들어가 허기진 배를 채웠다. 껀허는 지난여름에도 다녀간 곳이다. 그 기억을 더듬어 아오쌍敖乡이라는 곳으로 갔다.

아오쌍이란 아오루구야敖鲁古雅의 지명을 줄인 명칭이라고 한다. 이곳에서도 오후 두 시에 성탄절을 맞아 간단한 축제가 있다고 한다. 얼음으로 만든 조각상 사이를 돌아다녔다. 밤의 크리스마스이브를 위하여 붉은 홍등을 걸어 둘 조명 장치를 하느라 분주하다.

동북은 겨울이 오면 도시든 마을이든 얼음조각을 만들어 놓는다. 큰 도시에서는 광장에 만리장성이나 상상 속의 동물인 용 등을 볼거리로 조각해 놓는다. 이 조각상들은 다음 해 3월까지 추위 속에서 사람들의 사랑을 받는다.

몇 장의 사진을 남기고 가까운 아오루구야의 어원커박물관鄂溫克博物館과 순록이 있는 숲속의 아오루구야도 둘러보았다. 마침 순록도 그대로 있었고 사슴과 비슷한 '파오즈狍子'라는 노루 과의 동물은 더 많이 늘어났다.

내몽고 껀허지역의 '파오즈'

이제 렁지촌으로 갈 채비를 서둘러야 할 시간이다.

하이라얼에서 껀허를 경과하여 북쪽으로 오가는 기차는 하루 두 번 있다. 만꿰이滿归로 가는 기차와 모얼따오까로 가는 기차다. 그런데 렁지촌을 가기 위해서는 만꿰이로 가는 기차를 타야 한다. 만꿰이행 기차는 오후 3시 20분에 있다. 만꿰이 방향에 있는 찐허金河까지 가는 기차표를 샀지만 사실은 가는 도중에 있는 찐린金林이라는 곳에서 내려야 한다. 껀허와 찐린은 너무 가까워 기차표가 없기 때문이다. 가깝다고 해도 시간 반을 가야 한다. 역시 중국답다.

버스는 겨울에 운행을 안 한다고 한다. 아주 작은 촌이기에 손님도 없을 뿐만 아니라 길도 결빙되어 운행이 여의치 않다. 찐허까지 가는 기차표 가격은 4원으로 환율상 우리나라 700원에 해당된다. 이 표는 중국을 여행하면서 샀던 가장 싼 기차표라서 기념으로 간직하고 있다. 이곳은 오후 4시가 지나면 어둠이 대지를 덮기 시작한다.

기차에 올랐다. 백설의 숲속을 향하여 달리던 기차는 어느새 어둠에 묻혀버리고 말았다. 길림에서 교육학을 공부한다는 4학년 여대생과 이야기를 나누는 동안 금세 찐린에 도착했다. 어둠에 휩싸인 찐린은 불빛 하나 보이지 않았다. 게다가 기차 역에 내린 것이 아니라 철로 변에 내려주었다. 마침 기차에 올라타는 아주머니가 찐린 마을이 있는 방향을 알려 주었다.

아주머니가 가르쳐 준 방향으로 무작정 걸었다. 보름달이 그나마 설원을 하얗게 비춰 주고 있다. 손전등으로 주변을 비추니 천지가 모두 백야의 벌판이다. 어디 불빛 하나만 보여도 마음이 놓일 것 같다. 어느 정도 눈길을 벗어나니 아주머니가 알려준 대로 큰길이 나왔다. 찐린이라는 도로 표지판도 보인다.

마침 저 멀리 차 한 대가 다가오고 있다. 손을 들었지만 아무 반응 없이 지나갔다. 또 한 대의 차가 왔다. 그는 고맙게도 차를 세워 마을까지 태워 주었다. 마을 어귀에 내려 준 운전수에게 고마운 마음을 표했다.

마을에 들어가니 집집마다 붉은색의 원형으로 된 홍등을 마당에 달아놓아 밤을 밝히고 있다. 얼음으로 만든 십이지 동물 모양의 조각품들도 여기저기 조각되어 있다. 성탄절 분위기를 나름대로 한껏 뽐낸 작은 마을이라는 생각이 든다.

찾아 들어간 숙소에서는 공교롭게도 내몽고의 후하하오터呼和浩特에서 온 방송국 촬영팀이 숙소 주인과 인터뷰를 하고 있었다. 이들은 춘절을 맞아 내몽고 북부를 중심으로 살아가는 사람들의 의식주 문화를 방영할 계획이라고 한다. 내가 한국인이라는 말에 시선이 한동안 내게로 쏠렸다.

숙소 안은 무척 더웠다. 불을 피운 열기가 벽난로를 통하여 벽을 덥혀준다. 문을 열고 밖으로 오갈 때는 찬 공기와 더운 공기가 마주쳐 생겨나는 수증기가 앞을 가렸다. 철로 된 문고리를 맨손으로 만지면 손이 쩍쩍 달라붙는다. 숨을 쉴 적마다 코가 찬 공기에 막히는 기분이다. 이곳이 바로 중국에서 최고로 춥다는 렁지촌이다.

나는 중국 최북단에 위치한 흑룡강성의 모허漠河지방이 가장 추운 줄 알았다. 하지만 렁지촌이 가장 춥다고 한다. 여기에는 지형적인 이유가 있었다. 이곳의 평지 해발은 800미터인데 사방이 해발 1,300미터의 산으로 둘러싸여 있다고 한다. 이 주변의 산을 타고 불어오는 시베리아의 찬 공기가 산을 넘으면서 기온을 더욱 낮춘다는 것이다. 아마도 우리나라의 태백산맥을 타고 동쪽에서 부는 바람이 서쪽으로 오면서 기온 차를 나타내는 '푄' 현상과 같은 원리라는 생각이 들었다.

언제인지는 모르나 이곳이 영하 58도를 기록한 적이 있다고 한다. 내가 있을 때 그해 겨울 들어 최저 기온인 영하 45도를 기록했다. 당시 기온은 모허가 영하 40도, 껀허가 영하 42도였다.

여름에 이곳 껀허에 왔을 때 렁지완冷極灣이라는 습지를 다닌 적이 있다. 그 당시에는 그 의미를 전혀 모르고 지나갔다. 이들은 최저 기온이 내려갈수록 그것을 자랑으로 여긴다. 영하의 온도에 민감하면서도 이것을 즐기고 영하의 땅에서 즐거운 마음으로 살아가는 법을 터득하고 있다.

TV 촬영 팀의 인터뷰는 계속되고 있었다. 아름다운 아가씨 리포터가 가끔씩 한국에 대해서 물어오기도 했다. 음식에 대한 소개를 촬영할 때는 숙소 주인이 '한국 친구, 한국 손님'이라는 말을 섞어가면서 내가 찾아온 것에 대한 반가움을 잊지 않는다. 푸짐하게 차려진 음식 앞에 리포터와 나를 나란히 앉혀 인터뷰하기도 했다.

렁지촌 크리스마스 축제

한국에서도 경험해 보지 못한 값진 시간이었다. 갑작스러운 인터뷰와 준비되지 않은 질문에 당황했지만 그들은 아주 잘했다고 칭찬해 주었다. 촬영이 끝나고 함께 식사를 즐겼다. 물론 이곳의 특산품인 술을 맛보면서……

홍에 겨워 나는 자청해서 노래도 불렀다. 한국에서 겨울이면 애창되는 '안동역에서'라는 노래를 개작해 '렁지촌'으로 바꾸어 불렀다. 이것마저도 그들은 영상에 담았다. 춘절에 방영될 영상에 내가 많이 소개되게 해달라고 간절히 당부했다. 렁지촌의 밤은 홍겨움에 취하고 인연에 취하고 술에 취했다.

아침에 일어나니 머리가 어지러웠다. 새벽 찬 공기를 맞으며 작은 마을을 산책했다. 낮에 보니 마을을 둘러싸고 있는 산기슭의 나무들이 성탄 트리인 양 소복히 덮혀 있다. 마을 입구에는 렁지촌에 온 것을 환영한다는 글귀와 영하 58도까지 내려갔었다는 글귀를 영광스럽게 얼음으로 조각해 놓았다.

마을 어귀의 작은 공간에는 한해의 절기를 표현하는 24개의 백색 온도계를 세워 두었다. 온도계 눈금에는 이곳이 최고로 추운 지역임을 표현하는 아이디어도 잊지 않았다. 크리스마스를 맞아 빙판과 얼음동굴 등을 만들어 손님을 맞을 분위기도 한껏 갖추어 놓았다.

길을 걷다가 말 썰매와 개썰매를 만났다. 그들은 친절하게도 한번 타 보라고 권하기도 했다. 개들은 사람에게 길든 탓인지 먹을 것을 주면 달리려는 생각을 멎고 먹을 것에 집중했다. 빙판에서 팽

이도 돌려보고 썰매도 타 본다. 어린 시절의 추억으로 돌아간 순간은 그저 아이 같았다.

높은 분들이 온다는 시간에 임박해서는 축제 퍼레이드 연습이 한창이었다. 서른 명 정도의 마을 어른들이 질서 있게 북소리에 맞추어 춤을 추며 발걸음을 맞추고 있었다. 모두가 오륙십 세에 가까운 분들이다.

축제 개막을 앞두고 잠시 '띠인즈地窨子'라는 원시 부락을 찾아 나섰다. '띠인즈'라는 말은 이곳의 집들이 반 정도 지하에 위치한 가옥구조를 하고 있는 데서 붙여진 이름이다. 겨울의 추위를 견디기 위한 그들만의 독특한 주거 형태이다.

집 안으로 들어가니 마침 오늘 축제에 온 손님이 예약을 했다면서 부부가 음식 준비에 바쁘다. 이것저것을 묻는 나의 말에 친절히 답해 주기도 했다. 기념으로 함께 사진을 찍자는 청에도 기꺼이 응해 주었다.

산천을 보니 그리 굵지 않은 자작나무들이 여름에 본 모습 그대로 촘촘히 서 있다. 어제 저녁 숙소의 아주머니가 나에게 물어온 질문이 생각났다. 굵기가 10㎝ 정도 되는 나무가 몇 년 된 것인지 아느냐고 물었다. 남부 운남성의 차茶나무를 생각하여 한 50년 정도 된 것 아니냐고 나름대로 부풀려 말했지만 100년 된 나무라고 한다.

이곳의 자작나무는 추운 기후 탓에 짧디짧은 63일의 생장기를 가지는데, 그 기간을 제외하면 겨울잠에 든다는 것이다. 그러니 나무들이 나이만 먹고 사는 것이라고 한다.

마을로 돌아와 성탄절 축제의 공연에 나도 한몫하고 싶었다. 성탄 캐럴이 울려 퍼지고 붉은 깃발을 든 아주머니의 율동에 맞추어 행렬을 지어 앞으로 나아갔다. 지역 주민과 손님이 따로 없었다.

이곳의 축제를 어찌 알았는지 시간이 갈수록 사람들이 더 북적인다. 하지만 나는 먼 길을 힘들게 온 아쉬움을 뒤로하고 건허로 갈 채비를 서둘러야만 한다. 하루 한 번밖에 없는 차 시간은 나를 더욱 조급하게 만들었다.

렁지촌에서 이들이 선물해준 추억과 친절함은 잊을 수가 없을 것 같다. 대지는 얼어 있어도 마음만은 녹아 있다는 생각이 또 머리를 스쳐 갔다. 이렇게 2015년 성탄절은 동토의 땅 렁지촌에서 보냈다. 2016년 춘절이 지나고 며칠 후에 내몽고 방송국에서 내가 한 인터뷰가 나왔다는 소식을 귀국 후에 들었다.

동북의 최대 빙설 축제

치치하얼에서 3시간을 달려 하얼빈에 도착했다. 하얼빈의 빙설대축제가 개막되는 날이다. 중국을 여행하면서 늘 말로만 들어온 동북 하얼빈의 빙설 축제다. 동북의 겨울 여행이라면 누가 뭐래도 하얼빈의 빙설 축제를 이야기하지 않을 수 없다. 겨울의 흑룡강성에서 열리는 가장 큰 축제이기 때문이다.

오후 4시, 어둠이 드리워지는 시간에 빙설축제장으로 향했다. 이미 많은 관람객이 표들 사고 들어가느라 북적이고 있다. 이 추위 속에서도 폭죽 소리는 축제장을 더욱 뜨겁게 달구고 있다. 중국은 조그만 행사에도 폭죽의 축하파티는 빠뜨리지 않는다. 국가 명절에서부터 결혼식, 상점 개업 등 축하의 분위기에서는 폭죽 소리가 늘 한몫을 한다.

하얀 설원의 땅에 찬바람이 칼바람이 되어 휘몰아치고 있다. 축제장 입구에는 애드벌룬이 떠 있고 신나는 음악이 들려온다. 가족 단위로 차를 가지고 온 사람들은 한바탕 주차전쟁을 치른다.

하얼빈 빙설 축제

축제장은 얼음 조각품으로 장관을 이루고 있다. 형광의 오색 색깔이 백설의 대지에 물감을 토해내고 있다. 사람들도 오색 야경불빛의 물결을 따라 이리저리 흔들리고 있다. 연인들은 추위를 핑계로 서로를 포옹한다. 손님을 태운 마차의 행렬이 가끔씩 눈길 위를 지나간다.

빙설 축제의 개막식을 알리는 북소리가 우렁차게 들려왔다. 사람들은 대부분 그곳으로 향했다. 조금은 한산한 공간을 누비며 빙설의 작품을 감상했다. 만리장성과 돔 형태의 건축물, 아름다운 누각, 그리고 탑 등의 거대한 조각품에 기가 눌린다. 여인상이나 동물, 그리고 나뭇가지 등의 섬세한 조각 솜씨에서 예술의 진수를 느끼기도 한다.

누군가 카메라 충전지를 여분으로 꼭 준비하라고 했던 말이 정확했다. 얼어붙는 손가락을 녹여가며 아름다운 조각상에 셔터를 누르느라 정신이 없었다. 환영의 불빛을 뒤로하고 돌아 나오는 차창 가로 송화강 다리가 보인다. 다리 위의 불꽃놀이가 도시에 빛을 더하고 나의 눈은 포만감에 젖은 하얼빈 빙설축제였다.

다월족达斡尔族의 쿠무라지예库木勒节

축제는 많은 사람들과 함께 어울려 즐기는 것이다. 공연은 예술을 뽐내려 하지만 축제는 그 주제가 무엇이든 즐거우면 그만이다. 남자들에게는 춤과 노래에 몇 잔의 술이 더해지면 더욱 즐겁다. 중국 어디를 다녀도 소수민족의 축제는 새롭고 호기심을 갖게 한다. 그들의 독창적인 문화가 살아 숨쉬기 때문이다.

동북으로의 세 번째 여행이다.

겨울에 따양쑤大楊樹에서 만난 중년 남자가 봄에 축제를 보러 오라고 했던 말이 생각났다. 그의 말을 잊지 않고 스스로 한 약속을 지켰다. 동북의 소수민족 축제가 6월 4일, 5일 이틀간 열린다고 한다. 장소는 치치하얼에서 멀지 않은 메이리스梅里斯의 하라신촌哈拉新村이다. 바로 다월족达斡尔族의 축제다.

아침부터 찌는 듯한 더위가 며칠 전부터 계속되고 있다. 사람들은 더위를 피하려고 그늘을 찾아다니고 있다. 경찰들은 밀려드는 차 때문에 도로와 행사장 교통정리를 하느라 진땀을 빼고 있다.

메이리스의 강변을 따라 걸어 들어간 작은 공간에 무대가 설치되어 있다. 오늘은 개막식 정도로 지역사회의 각종 단체 회원들이 그동안 배운 춤과 노래를 선보인다고 한다. 한편에서는 무대에 오르기 전 서로 호흡을 맞추느라 여념이 없다.

자기 고향, 자기 단체팀이 출연하면 열렬한 환호성으로 응원한다. 붉은색의 무대와 의상도 태양의 열기만큼이나 강렬한 이미지로 다가온다. 몇몇 사람들은 숨듯이 숲의 그늘로 사라져 가고, 바람 부는 강변을 거닐며 오후의 더위를 삭이고 있다.

해가 기운 오후. 석양이 드리워지는 강변에는 낚시꾼들과 연인들, 그리고 구경꾼들로 가득 차 있다. 강을 따라 오르내리는 쪽배들도 한 장의 그림으로 새겨지는 풍경이다.

어둠이 내릴 무렵 차를 타고 힘겹게 하라신촌으로 이동했다. 내일 있을 공연장 앞에 몽고족의 숙소인 게르가 보였다. 양꼬치를 파는 상점 주인의 도움으로 게르 옆에 있는 작은 텐트에서 하룻밤을 보낼 수 있었다.

넓은 평원을 스쳐 가는 바람은 텐트를 삼켜버릴 듯 휘몰아쳤다.

밤 기온도 계속 떨어져 자정쯤에는 한기가 느껴질 정도다. 잠을 설치고 새벽 5시쯤 밖을 나오니 축제를 기다리는 사람들이 자가용을 타고 모여들기 시작한다. 공연이 시작되기 전까지 무대 주변과 넌장嫩江강변을 산책했다.

공연이 시작될 무렵 지역기관의 높으신 분들, 다월족과 지역사회의 어르신들을 모시고 개회식이 이루어졌다. 제29회째 열리는 다월족의 '쿠무라지예庫木勒节'라는 축제다.

무대 아래에서는 전통의상을 입은 중년의 여성들이 무리 지어 모여 있다. 이들은 그동안 배우고 익힌 춤을 공연하기 위해 예행연습을 하고 있다. 사진을 찍는 나에게 여유로운 포즈를 취해주기도 한다.

다월족의 쿠무라지예庫木勒节

10여 개의 대형 전통 북이 일제히 울리는 웅장한 소리와 함께 본

격적인 공연이 시작되었다. 어렵게 접하는 축제에 대한 기대로 흥분을 감출 수 없었다. 한순간이라도 그들의 공연을 놓치지 않으려고 앞줄에서 집중하고 앉아 있었다.

치치하얼의 방송국 스태프들과 수많은 사진 애호가들이 앞을 서성거리며 다닐 때는 마음이 불편스러웠다. 하늘에는 고무풍선이 날고, 공연장 주변에는 무인항공 촬영기가 쉬지 않고 날아다닌다.

공연은 오전과 오후로 나누어 4~5시간 동안 진행되었다. 공연 중 다월족이 살아온 발자취를 재연하는 부분이 있었다. 그들은 수렵생활을 하면서 힘겹게 이어온 삶을 진지하고 적나라하게 연출했다. 그들의 엄숙함과 진지함에 관중들은 숨소리를 죽여야 했다. 자연에 순응하면서 힘겹게 살아온 그들의 공연을 보고 가슴이 울컥해지기도 했다.

오전 공연이 끝나자 사람들은 먹을거리를 찾아다녔다. 어떤 이는 음식을 싸 가지고 오기도 하고, 어떤 이들은 사 먹기도 했다. 자원봉사자들이 준비한 음식도 있어서 적어도 이 공연을 참관하러 온 사람 중에 굶고 있는 사람은 없는 것 같았다. 공연을 보러 온 모두가 한 가족처럼 오후의 공연을 기다리며 즐거운 식사를 한다.

오후에 있었던 관광객의 장기자랑도 관중들의 흥미를 불러일으켰다. 저마다 노래와 춤을 선보이며 저물어가는 마지막 공연의 즐거움에 집중했다. 공연이 끝난 자리에는 다월족의 영웅 '莫日根'의 동상만이 마을을 지켜보고 있었다.

어원커鄂溫克족의 써빈지예瑟宾节

계속되는 여행이 보름 정도 흘러갔다. 너허讷河라는 도시 근교의 작은 마을인 씽왕兴旺에서 소수민족인 어원커鄂溫克족의 축제가 있다고 한다. 매년 어원커족의 춘절이라는 '써빈지예瑟宾节'가 6월 18일에 성대하게 이루어진다는 것이다.

져우산九三에서 가까운 치씽파오七星泡의 농장 구경을 마치고 모든 일정을 변경하여 씽왕으로 향했다. 져우산에서 기차를 타고 너허 아래에 있는 라하拉哈라는 곳에서 내렸다. 18일 아침 일찍 씽왕에 도착하여 물었더니 다시 바이루百路라는 곳까지 가야 한다고 한다.

바이루에 도착하니 언제 왔는지 사람들이 인산인해를 이루고 있다. 바이루는 흑룡강성과 내몽고의 경계에 있는 아주 작은 마을이다. 이곳의 주민이 천 명 정도라고 하는데 관광객은 만 명도 넘는 것 같다. 주차된 차의 행렬도 끝이 보이지 않는다.

비는 다행히 새벽에 그쳤지만 짙은 안개로 초원의 대지는 아직 질척거리고 있었다. 가끔씩 내리는 이슬비에도 아랑곳하지 않고 사람들은 무슨 공연이 있나 싶어 이리 쏠리고 저리 쏠리기를 반복한다. 경계 울타리 표시를 해둔 테이프는 울타리 구실을 하지 못했다. 무대에서 공연이 시작되자 사람들이 무질서하게 무대로 다가가기도 한다. 경찰관들이 많았지만 이곳에서 질서를 잡기에는 부족하다.

평원에 쌓아 놓은 성스러운 탑 아래로 사람들이 몰려들었다. 공연을 시작하기 전 신성한 전통 의례가 진행되고 있기 때문이다. 이 행사를 주관하는 어원커족의 의상은 몽고족의 의상과 흡사하다.

생활양식도 예전에 몽골을 다녀 본 기억에 비추었을 때 그리 달라 보이지 않았다.

어원커족의 써빈지예瑟宾节

음식을 차려놓은 제사상도 우리나라와 흡사하다. 지폐 몇 장 꽃 은 돼지머리 하나 제사상에 올려놓으면 우리나라 굿판의 모습과 다를 바 없어 보인다. 몇 잔의 술이 부어지고 가끔씩 절을 하는 행 위가 계속되고 있다. 마지막으로 모두가 행렬을 이루어 돌탑을 한 바퀴 돌면서 의식은 끝이 났다.

제사의 기도 덕분일까 날씨도 화창해지고 있었다. 말달리기 시 합을 보려는 사람들이 갑자기 저편으로 뛰어간다. 정신없이 뛰어 다니는 축제장의 광경도 장관이다.

다월족의 공연과는 달리 여러 가지 운동 경기도 더해졌다. 7명 정도가 한편이 되어 럭비 비슷한 경기를 하고, 끈을 서로 목에 걸어 당겨서 일어서는 사람이 지는 게임, 서로 마주 보고 앉아서 잡은 막대를 당겨 상대가 일어서면 이기는 게임, 줄다리기 게임 등이 진행되고 있다. 이럴 때마다 관광객 중 힘 있는 사람들이 참여하여 재미를 더한다.

점심시간이 되니 오늘은 구경을 온 모든 사람들에게 식사가 제공된다. 동네마다 식사 자리를 달리 한 것을 보니 동네 시합을 하고 있는 것 같다. 초원에 길게 늘어선 솥단지에서 김이 무럭무럭 솟아오른다. 양고기를 삶고 있는 것이다.

점심시간이 되자 자기 동네가 차려놓은 곳으로 가서 식사를 한다. 나는 바이루 마을 팀으로 가서 식사를 했다. 경운기로 실어 나르는 맥주와 양고기, 푸짐한 음식으로 포식을 했다.

잠시 넌쟝嫩江강 변을 거니는데 초원에서 풀을 뜯는 양 떼의 모습이 눈에 들어왔다. 오토바이를 타고 양 떼 몰이를 하며 다니는 양 주인과 잠시 이야기를 나누기도 했다. 초원에 있는 풀의 질에 따라 고기의 질도 달라진다면서 이곳의 양고기가 아주 유명하다고 한다.

강변에서는 너허에서 온 단체 관광객이 노래를 부르고 있다. 더위를 피하러 그들의 천막에 자리를 잡았다. 한국인이라고 하자 그들이 노래를 부탁했다. 축제의 흥에 겨워 우리나라 전통 민요인 '아리랑'과 중국노래 '예리야 뉘랑'이라는 노래를 불렀다.

우리는 오후에 있을 '까오휘膏火'라는 행사를 기다리고 있었다.

'까오휘'는 축제장에서 밤에 행하는 '캠프파이어'라고 보면 된다. 저녁 7시가 되니 원뿔로 세워놓은 나무에 기름을 붓고 불을 지폈다.

그러나 애석하게도 5분 정도 지나자 천둥 번개가 일고 장대비가 쏟아지기 시작했다. 잠시나마 '까오휘' 주위를 돌고는 비를 피하러 모두 차 안으로 들어갔다.

나는 당황했지만 한 봉고차에 도움을 청했다. 그들은 바이루의 마을에서 하루를 묵으라고 한다. 차를 타고 간 곳은 바이루 마을의 촌장이 관리 사무실로 쓰는 가정집이었다. 비를 피한 것만으로도 다행이라 생각했다.

비가 잠시 멈춘 사이 어둠의 마을을 둘러보았다. 논에서 들려오는 개구리 울음소리에 잠시나마 어릴 적 향수에 젖기도 했다. 논에 깔린 물컹물컹한 개구리 알을 만지면서 즐거워하던 추억이 떠오른다.

사무실에 놓여 있는 침상에서 축제의 환영을 보면서 하룻밤을 보냈다. 아침에 부부가 정성스레 만들어준 만두와 국수, 계란으로 식사를 하고 바이루를 떠났다.

중국 곳곳을 다니다 보면 우연이든 의도적이든 그 지방의 축제를 접하게 된다. 남부지역, 즉 소수민족이 많이 사는 운남성이나 귀주성의 축제는 춤과 노래, 그리고 전해 내려오는 그들의 전래 풍습을 많이 재연하고 있다.

하지만 동북지역의 축제는 주로 그들이 살아온 문화와 역사를 반영한 축제가 이루어진다.

또 남부지역의 축제는 악기 등을 가지고 하는 반면에 동북지역은 부채나 깃발 같은 도구를 이용하여 춤을 추는 것을 자주 보았다.

더 구분해 본다면 남부지방은 자기 소수민족끼리 부락에서 하는 소규모 축제의 분위기라면 동북지역은 규모가 큰 공연 같은 분위기다. 반드시 그렇다기보다는 나의 주관적 관점에서 느낀 것을 적어 본 것이다.

어디서 축제가 열릴지는 모르지만 어룬춘鄂倫村족의 축제도 같은 날이라고 한다. 언제 또 기회가 온다면 이 마을도 찾고 싶다. 기다림은 희망이고 바라는 것은 이루어진다는 작은 소망을 가져본다.

6부

북만주
친구들

⋮

　　길을 떠나면서 사람을 만난다는 것. 그것을 우리는 인연이라 말한다.

　우연히 만나는 사람과 이야기를 나누면서 마음을 공유하는 것은 인간만이 가질 수 있는 축복이다. 어찌 보면 여행을 하면서 어떤 풍경구를 관람하는 것보다 훨씬 더 값진 일이다.

치치하얼 바둑 친구들

사람을 만나고 관계를 형성해 가는 데는 사교성이란 것이 필요하다. 즉, 우리가 흔히 말하는 붙임성이다. 그래서 나는 가끔 사람을 앞에 두고 위선의 행동을 보이기도 한다. 이야기를 하면서 특별한 것이 아니더라도 궁금해하고 때로는 감탄도 한다. 게다가 아주 의견이 다르지 않은 한 동의의 표시도 서슴지 않는다. 쓸데없는 것에 관심이 있는 듯 집적거리기도 하고, 아는 것도 모르는 척하면서 물어보기도 하고, 입가에는 항상 웃음 띤 모습을 보인다. 상대가 좋아하는 화젯거리에 더욱 귀를 기울이고, 상대가 말할 때는 절대로 눈을 다른 데 두지 않는다. 이 정도만 해도 여행을 하면서 사람들로부터 소외당하는 일은 없을 것이다. 상대에게 실수 없는 완벽한 사람으로 보이려 하면 상대도 당연히 나에 대한 관계를 어렵게 생각하기 때문이다.

동북 치치하얼에 있을 때 만난 바둑 친구들이 있다.

여행을 하면서 가장 정겹게 오래 묵었던 곳이 치치하얼이다. 치치하얼은 흑룡강성 서쪽에 위치한 제2의 도시이다. 하얼빈 다음으로 큰 도시라는 뜻이다. 하얼빈에는 '태양도'라는 강가의 섬이 있다면 치치하얼에는 '명월도'가 있다. 이것도 특이한 점이다. 그리고 치치하얼에는 도시 한가운데 노동호勞动湖라는 인공호수가 있다. 이 호수는 규모가 방대하여 시민 모두가 즐길 수 있는 휴식 공간으로도 충분하다. 아침저녁으로 산책 겸 공원을 찾으면 여러 가지 유희도 즐길 수 있다.

이곳에서 함께할 수 있는 친구들이 있어 여행 중에도 외롭지 않았다. 우리는 바둑을 두고 나면 함께 식사도 하고 술도 마시면서 담소를 나눴다. 그들은 내가 고량주를 좋아하는 것을 알았다. 이곳에는 흑룡강성에서 유명한 '베이따창北大仓'이라는 유명한 술이 있다. 그들은 맥주를 즐기지만 나에게는 특별히 베이따창이라는 고량주를 주문해 주었다. 마시다가 남으면 숙소로 가지고 와서 무료할 때 한 잔씩 마시기도 했다.

친구들은 가끔 아무런 글씨나 상표도 없는 하얀 사기로 된 병에 있는 술을 가져오기도 했다. 간난甘南이라는 곳에서 비매품으로 만드는 또 다른 유명한 술이라고 한다.

치치하얼 바둑 친구들

그들의 직업은 은행장, 교사, 법률가, 회계사, 바둑기원장 등으로 다양하다. 식사를 하러 가면 내가 모인 사람들 중 가장 어른이라며 늘 가장 안쪽 자리를 양보한다. 가끔씩 분위기가 무르익으면 한 사람씩 일어나 모임에서 의미 있는 엄숙한 이야기도 한다. 이럴 때면 반드시 '한국에서 온 친구'라는 말을 하면서 치치하얼에 온 나를 반갑게 맞이해 주었다. 때로는 나에게도 한마디 하라고 기회를 내준다. 나는 답례로 "너희들의 환대에 감사한다. 우리의 우의를 위해서 즐거운 시간을 갖자."고 말한다.

중국 사람들은 보통 7~8명이 원탁에서 식사를 하는데 술이 오가면 '화취엔划拳'이라는 게임을 즐기기도 한다. '가위바위보' 같은 게임인데, 우선 손가락을 내밀면서 숫자를 말한다. 숫자가 일치되는 손가락을 내민 사람이 벌주로 술을 마시면서 흥을 돋운다.

때로는 노래도 즐긴다.

나는 주로 한국의 전통 가요인 '아리랑'이나 '도라지'를 불러 그들에게 한국의 이미지를 조금이나마 전해주려고 노력했다. 그들은 나의 생활과 한국의 정치, 경제, 사회, 문화 전반에 걸친 궁금증을 쏟아낸다. 이렇게 모여 앉으면 시끄러울 정도로 화기애애하다. 밤이 깊어 숙소로 돌아갈 때면 그들은 택시를 태워 주거나 집까지 배웅을 해주고 돌아갔다.

그들은 바둑 모임이 있을 때는 나에게 알려주면서 꼭 오라고 청한다. 한번은 새해 신춘 바둑 모임이 있을 때 치치하얼 방송국에서 나와 나를 인터뷰하기도 했다. 또 한 번은 '504배 바둑대회'에 나를 초청하기도 했다. 504배라는 숫자의 의미는 거룩했다.

치치하얼에는 바둑을 좋아하시는 張樹成이라는 어른이 계셨다.

이분은 이 도시의 아이들에게 바둑을 가르쳤다. 이들은 이분의 업적을 기념하기 위하여 그분의 집 주소 번지 504를 대회명칭으로 기록해 두었다. 애석하게도 이분은 지난해 63세의 일기로 생을 마감했다. 그들은 '제6회 504배'에 참가한 한국인인 나를 두고 국제대회라며 의미를 추켜세웠다.

나는 최고 연장자로서 이틀에 걸친 대회에서 4승 3패를 기록했다. 결과는 30명 중 16등을 했다. 자랑스럽게도 상금紅包(훙빠오)을 넣은 봉투를 받기도 했다. 취미가 있다는 것은 사람을 사귀는 데 참으로 좋은 수단이고 도구다. 건전한 놀이 문화를 잘 가꾸어 가는 것도 건강한 사회를 만들어 가는데 매우 중요하다는 생각을 해 본다.

이들은 손님을 대접할 때 '러칭热情'이라는 말을 자주 사용한다. '열렬하고 아주 정성스럽게 대접한다'는 의미다. 우리나라에서도 받아보지 못한 후한 대접에 늘 감사했다.

우리는 헤어지고 만나기를 거듭했다.

취미가 있다는 것이 이렇게 즐거운 추억을 만들어 낼 줄을 생각지 못했다. 귀국 후에도 우리는 핸드폰으로 대화를 하며 지낸다.

이번은 내몽고 자란툰에서 만난 인연이다.

이곳에서 우연히 중년의 남녀가 동창회를 하는 것을 보았다. 조그만 건물에 동창회라는 빨간색의 플래카드를 걸어두었다. 그리고는 마당의 큰 나무 그늘 아래에 음식상을 차려놓고 웃고 떠들며 분주하게 음식을 나르고 있다. 철도중학교 학생들이 오랜 세월이 지난 뒤 다시 모인 것이다. 무척 즐거워하는 시간이 부러워 잠시 얘기를 나눴다.

중학교 때 남녀 친구들이 40대 중반이 되어서 동창회를 한다는 것이 중국에서는 쉽지 않다. 그런데 중국 도처에 흩어져 있는 친구들을 한자리에 불러 모은 것이다. 처음 하는 동창 모임이고 다시는 못할 것 같다고도 말한다.

그들은 내가 한국인이라는 말을 듣고 더욱 특별하게 대해 주는 것 같았다. 그들과 함께 수박과 음료수로 더운 오후의 갈증을 풀었다. 이야기를 나눌 적마다 자신이 중국 어디에 있으니 그곳을 지나면 연락하라고 전화번호도 적어 준다. 헤어지면서 찍은 기념사진 속에는 내가 정 가운데에 있다. 처음 내몽고 북부를 여행하면서 자란툰에서 있었던 추억이다.

내몽고 자란툰 친구들

다음 해에 다시 이곳을 들렀다. 자란툰은 여행자들이 가장 많이 찾는 내몽고의 최고 풍경구가 있는 곳이다. 산세가 수려하고 여름의 기후가 덥지 않아 남부지방에 사는 중국인들이 이곳에 와서 피서를 즐긴다.

이곳에는 나의 주치의라 말할 수 있는 한의사 친구가 있다. 올 적마다 들르면 맥박도 봐주고 한약도 정성껏 달여서 준다. 은행장, 학교 교사, 막일을 하면서 열심히 사는 친구도 있다. 이들은 서로 직업은 다르지만 수석 수집과 목각 공예라는 공통의 취미를 갖고 있다.

마나오 공예 조각작품

수석을 조각한다고 하면 치치하얼의 친구가 생각난다. 치치하얼에서 수석과 목각에 조예가 깊은 치치하얼대학교 교수가 있다. 그의 작업실에 들를 적마다 그는 늘 차를 대접한다. 어느 날 나에게

철관음차鐵觀音茶를 선물했다. 이 차가 보이차普洱茶보다도 훨씬 좋은 차라는 말을 중국 운남을 여행하면서 들은 적이 있다.

또, 그는 새해 첫날이면 치치하얼에서 신춘 서예 특별 인사로 초청받아 글을 남기기도 한다. 이 도시의 따청쓰大乘寺라는 절의 현판들에는 대부분 그의 서필이 쓰여 있을 정도다.

그는 수석 조각 공예품을 북경 전시회에도 출품했다. 출품작은 쥐가 옥수수를 갉아먹는 조각인데 '마나오码磔'라는 수석을 가지고 조각을 했다. 결과는 중국 전국 출품작 중 은상을 수상했다. 그 실물을 만지작거리는 내가 더 흥분을 감추지 못했다. 그는 내가 귀국을 할 적마다 화선지와 부채에 자신의 필체와 그림을 넣어 선물했다. 헤어짐에 대한 아쉬운 정을 듬뿍 실은 글이다.

자란툰의 은행장 부인은 함께 다니며 자란툰 시내의 구경거리를 소개해 주었다. 교사 부인은 아주 고풍스러운 풍미를 자아내는 찻집을 운영한다. 벽에 걸린 중국의 유명한 화가 제백석齊白石의 새우 그림이 더욱 그렇게 보인다. 차를 우려내는 격식이 너무 엄격하여 대접받은 차를 마시는 동안 왠지 행동이 조심스러워진다.

막일을 하는 친구는 사교성도 좋고 입담도 대단하다. 나를 보면 늘 "친구, 친구" 하면서 관심을 가지고 이야기를 걸어온다. 그는 여름이면 자란툰의 보행가 거리에서 스낵코너를 운영한다. 오후 6시 정도에 나와 밤에 손님들을 맞는다. 겨울이면 피아노나 냉장고, 가구 등을 나르는 일을 하기도 한다.

주말에 이들과 함께 양고기를 준비하여 시원한 교외로 나갔다.

개울가에 들어서자마자 모두가 양고기를 요리하느라 분주하다. 고기를 익힐 가스를 설치하고 부인들은 채소를 다듬는다. 양고기는 조미료에 절여 놓는다.

이곳 내몽고에서는 양고기가 우리나라의 삼겹살처럼 흔하다. 식당에 가면 언제든지 올라오는 기본 메뉴로 생각될 정도다. 처음에는 맛이 있어 몇 번을 먹지만 나중에는 느끼하여 계속 먹을 수가 없다. 원래 고기란 채소와 달리 오래 먹으면 질리는 법이다.

그런데 절여 놓은 양고기를 굽는 방법이 특이하다. 양의 허벅지 부위를 어린아이 주먹 크기 정도로 썰어서 솥단지에 쇠갈고리로 걸어 굽는다. 가열된 솥단지 안에서 20분 정도 지나면 기름기가 빠지고 고소한 맛의 양고기 요리가 완성된다. 많이 먹어도 느끼한 맛이 거의 느껴지지 않을 정도다. 오랜만에 새로운 양고기 요리를 즐겼다.

개울물이 시원스레 흐르고 나뭇가지 사이로 새가 날고 매미의 노랫소리가 들린다. 한 잔의 술도 곁들여진 오후다. 도심의 거창한 오페라 연주보다 더 아름다운 노래로 들려왔다. 한나절의 여유로운 시간이 너무도 빨리 지나간다.

어둠이 찾아올 즈음 돌아온 자란툰역 광장 앞에 사람들이 모여들기 시작한다. 음악이 들리고 불빛 아래서 중년의 남녀들이 춤을 춘다. 나무 사이로 보이는 그들을 한동안 바라보았다.

또 이런 일도 있었다.

기차를 타고 가다 우연히 따양쑤大楊樹에 살고 있는 중년의 남자를 알게 되었는데 그와 있었던 일이다. 따양쑤는 치치하얼에서 기차를 타고 북쪽으로 7시간 걸리는 곳에 위치한 작은 마을이다. 기차에서 담배를 피우고 있는 그에게 다가가 담배 한 개비를 부탁했다. 같이 담배를 피우면서 이야기를 나누다가 한국인이라는 말에 놀라며 관심을 가져왔다. "혼자 여행을 하느냐? 어디를 가느냐?" 등 궁금한 것도 많았다.

그는 따양쑤를 소개하면서 가보면 후회하지 않을 거라고 자기 고향을 자랑한다. 그래서 치치하얼로 돌아오는 길에 너허 가까이 있는 모치莫旗에 들르기로 하고 기차표를 연장했다.

이야기가 무르익어갈 즈음 어둠이 내린 따양수에 도착했다. 밤안개가 낮게 드리운 역 앞은 불빛이 화려했다. 따양쑤는 중국에서 쩐鎭급으로 넓이가 가장 큰 쩐鎭이라고 한다. '쩐鎭'이란 행정구역상 우리나라의 면面에 해당되는 단위다. 마침 그가 따양쑤역 가까운 곳에서 숙박업을 하고 있던 터라 숙소도 쉽게 해결되었다. 그는 구경할 곳을 미리 말해주면서 자기 친구들에게 전화로 나를 소개하기도 했다.

다음 날 아침, 그분의 친구들이 벌써 와 있었다. 어떤 분은 자신이 산에서 땄다는 목이버섯과 고사리 한 봉지씩을 들고 와 선물했다. 또 어떤 분은 구경을 시켜주려고 자가용을 가지고 왔다. 이런 말을 하면 정말 그렇게 친절하냐고 반문할지도 모른다. 나 역시 이런 호의에 어리둥절하면서도 감동을 받은 적이 한두 번이 아니다.

처음에는 의심과 경계심에 행동을 주의하기도 했다. 하지만 동북 사람들의 친절은 늘 이렇다는 인상이 들고부터는 중국 동북 지역의 여행이 항상 즐거웠다.

함께 아침 식사를 한 후 어룬춘족 마을로 향했다.

어느 가정집에 들르니 노부부가 유리창에 비치는 햇살을 받으며 침상에 앉아 있다. 이들은 예전에는 산에서 수렵생활을 하면서 살았다고 한다. 그런데 지금은 중국 정부가 무상으로 제공한 집에서 생활하고 있다. 이 소수민족은 인간문화재 취급을 받을 정도로 귀하여 인구 장려 정책을 펴고 있다. 이들은 문자가 없어 구전으로 익히는 언어를 사용하고 있다. 여기서 만난 어떤 분은 이곳을 중심으로 살아가는 세 개의 소수민족 언어를 모두 사용하고 있어 놀라웠다.

내몽고 따양쑤 친구들

할머니는 거실로 나가 따뜻한 우유차를 가지고 오셨다. 한 모금씩 마실 적마다 유심히 보고 계시던 할머니는 곧바로 잔을 채워주셨다. 가옥의 형태는 스무 평 정도의 집에 주방이 같이 있는 거실과 화장실, 그리고 한 칸의 방이 전부인 구조였다. 주변의 집들이 모두 이와 같았다.

85세의 할머니에게 산에서의 수렵생활과 비교하여 이곳의 생활이 어떠냐고 물었다. 할머니는 지금이 생활하기가 훨씬 편하다고 한다. 할머니는 수렵생활 시절에 만든 순록의 뿔이 달린 모자를 써보라며 건넸다. 모자를 쓰고 가족분들과 함께 기념사진을 남겼다. 나는 떠나면서 할머니의 손을 오랫동안 꼭 잡았다. 그리고 말했다. "할머니 건강하세요."라고……

내 여행을 도와준 이들과 점심을 먹기 위해 식당을 찾았다. 식당 분위기가 예사롭지 않은 좋은 식당인 것 같았다. 나에게 무슨 음식을 먹고 싶으냐고 물었다. 난 음식에 대해서 모르니 알아서 주문하라고 당부했다.

아직까지도 여행 중에 가장 큰 고민이 음식 주문이다. 여행을 하면서 그 나라의 음식을 접하는 것도 또 다른 중요한 경험이다. 그런데 중국에서는 혼자 여행을 하면 음식을 주문하기가 매우 곤란하다. 밥 외에 다른 반찬을 주문하면 혼자 다 먹을 수 없을 정도로 양이 많다.

내가 여행 중 즐겨 먹은 음식은 '마라탕麻辣汤'이나 운남성 쌀국수인 '꿔치아오미시엔过桥米线'이다. 이런 음식에는 '썅차이香菜'라고 하는 채소가 빠지지 않는다. 우리나라에서 고수라고 하는 채소다. 한국 사람은 중국에서 음식을 먹을 때 이 쌍차이의 맛과 냄새에 아주 적응하기 힘들어한다고 한다. 그런데 나는 어쩐 일인지 쌍차이라는 채소를 아주 좋아한다. 때로는 쌍차이라는 채소만을 단독으로 먹기도 한다. 중국을 여행하기에 알맞은 체질인가 싶다.

마라탕에는 '화지아오花椒'라는 매운 열매 가루가 들어간다. 이 재료는 주로 중국 서부 사천성 지방에서 '훠궈火锅'라는 음식을 먹을 때 반드시 들어간다. 이 훠궈라는 음식은 먹으면 입이 마비될 정도로 맵고 얼얼하다.

'화지아오'는 나무에 달리는 열매인데 크기가 콩알의 반 정도도 되지 않는다. 주렁주렁 달린 빨간 열매가 탐스러워 한 알을 깨물어 보았다. 한번 씹었다 뱉었을 뿐인데 한동안 입이 마비가 되어 말이 안 나오고 입 안의 살이 마취제 주사를 맞은 것 같았다. 게다가 숨을 쉬기도 어려울 정도였다. 그래서 나는 화지아오라는 재료가 고추와 비슷한 일년생 채소류인 줄 알았다.

이제는 나름대로 음식을 즐길 수 있는 방법도 알았다. '농가락农家乐'이란 숙소를 이용하면 그 지방의 토속 음식을 접할 수 있어 좋다. 농가락이란 어느 풍경구든 가면 있는, 우리나라 민박집 정도로 생각되는 가정집 같은 숙소이다.

이곳에서 식구들과 같이 식사를 하고 싶다고 하면 그들은 거절하지 않는다. 이야기를 나누면서 함께 식사를 하면 그들이 늘 먹는 음식에 토속적인 그 지방 술도 한 잔 곁들일 수 있다. 식사비도 특별히 정해지지 않아 일반 식당에서 먹는 값에 준해서 지불해도 전혀 더 요구하지 않는다. 나름대로 터득한 여행의 요령이라고 생각해 본다. 나를 위한 건장한 남자들의 음식 주문이 시작되었다. 잠시 후 양고기, 채소 반찬, 만두 등 식탁이 풍성하게 차려졌다. 멋들어진 고량주 병도 나를 유혹하고 있다. 우리 다섯은 내가 떠날 기차 시간이 되기까지 많은 이야기를 나누었다. 그들은 봄에 오면 소수민족의 훌륭한 축제를 즐길 수 있다고 했다. 언젠가 다시 와서 축제를 보고 싶다는 약속을 하고 따양쑤를 떠났다. 아쉬운 이별이다.

따양쑤 친구들의 권유로 소수민족 박물관을 본다고 쟈거다치加格达奇로 가는 기차에 올랐다. 드넓은 설원의 평원을 보고 있으니 가슴이 탁 트이는 기분이 든다. 밤에 도착한 쟈거다치에서 하루를 쉬었다. 잠자리에서 고마운 따양쑤의 친구들이 눈에 아른거린다.

어쩌다 추운 겨울 북만주 산림지대를 여행하기도 했다.

흑룡강성과 후뤈베이얼 북쪽의 삼림 지대에서 일하는 사람들은 대개가 목재업에 종사한다. 우리가 흔히 말하는 벌목공들이 주를 이룬다. 이들은 겨울의 추운 날씨만큼이나 어려운 생계를 이어가고 있다.

기차에서 우연히 만나게 된 목재소 사람을 따라간 곳이 커이허克一河라는 쩐鎭급의 작은 마을이다. 저녁에 도착하여 그를 마중 나온 목재소 직원들과 함께 식사를 하게 되었다. 식당에 들어서자마자 원형 탁자에 용량이 큰 두 병의 고량주를 올려놓는다. 음식이 차려지기 전 건장한 남자 8명이 앉으니 방안이 가득해 보였다.

기차를 함께 타고 온 사람이 나를 소개했다. 모두들 반갑다고 하면서 악수를 나누고 술을 권한다. 잡은 손마다 삼림에서 일하는 이의 거친 피부가 느껴진다. 어떤 분은 손가락이 하나 없기도 했다.

술을 따르면서 여기서는 많이 마셔도 괜찮다고 한다. 이유가 아주 흥미롭다. 이곳 지명이 커이허克—河인데 한자로 '마셔도 된다'는 뜻의 '커이허可—喝'와 음이 같기 때문이란다. 또 여기서 멀지 않은 곳에 깐허甘河라는 곳이 있는데 이 지명도 '깐허干喝'라는 단어와 발음이 같아 '잔을 비울 때까지 마시자.'는 의미로 해석을 하기도 한다. 우스갯소리로 경찰도 음주 운전만큼은 어찌할 수 없는 지역이라고 한다.

음식이 한두 가지 올라오기 시작했다. 음식이 오기 전에 고량주를 이미 한 잔씩 마셨다. 음식 중에는 예전에 보지 못했던 고기가 올라왔다. '고라니狍鹿' 고기다. 고라니는 흑룡강성과 내몽고 따씽안링 북부의 침엽수림과 혼교림에서 서식하고 있다. 만족어로는 '犴达罕'이라고 하며 일반적으로 이 고기를 '한러우犴肉'라고 부른다.

이들은 벌목공의 일상을 소상히 이야기해 주었다. 추운 겨울, 특히 춘절을 사이에 두고 무척 바쁘다고 한다. 지금은 모든 것이 기계 작업으로 이루어져 불편함이 그나마 많이 사라졌다고 한다. 예전에는 산림으로 들어가는 자체가 야생동물 때문에 두려운 일이었다고 한다. 겨울철 먹을거리가 떨어진 늑대들에게는 생존이 걸린 시기이기 때문이다. 그래서 벌목공들은 몇 마리의 사나운 개를 데리고 간단다. 이곳 목재소에는 '짱아오藏獒'라고 부르는 티베트의 사나운 개를 키우고 있다고 말해주었다.

내몽고 커이허 목재소 친구들

옛날의 이야기이지만 수작업으로 이루어지는 벌목은 여러 가지 사고의 위험을 안고 있었다. 나무를 베는 도끼질의 방향이 조금만 어긋나도 예기치 않은 불상사를 겪기도 한다. 베어진 나무가 옆의 나무에 걸쳐지면 언제 어느 방향으로 넘어질지 모르기 때문에 매우 위험하다고 한다. 하지만 러시아의 시베리아 삼림지대를 가면 훌륭한 기계로 작업을 하는 불도저가 있다고 한다. 불도저가 앞에 손 모양의 작업기를 달고 삼림 숲으로 들어간다. 이 작업기는 나무를 잡아 베고 잔가지를 제거하여 일정한 길이로 자르는 작업을 동시에 한다. 마치 여인들이 떡가래를 써는 작업보다도 더 쉽게 일을 처리하고 있는 것이다.

역시 사나이들의 음주 분위기는 달랐다. 잠깐 사이에 3~4병의 술이 사라졌다. 어둠이 무르익을 때까지 마셨다.

술을 마시지 못하는 사람에게는 독약처럼 보이기도 한다. 하지만 사람 사이의 관계에서 촉매제 역할을 하는 좋은 수단이 되기도 한다. 동전의 양면처럼 말이다. 우리가 술에 대한 올바른 음주문화를 만들어간다면 한결 부드럽고 윤택한 사회가 될 수도 있다.

술에 취한 탓일까? 숙소로 돌아오는 눈길을 걸으면서도 조금도 춥지 않았다.

날이 밝았다. 어제의 술기운이 아직까지 남아있다. 아침에 목재소를 향하여 걸었다. 목재가 운반되는 철길의 레일을 따라 걸으니 신발 속으로 눈이 스며들었다. 목재소는 커이허역 바로 뒤에 있다. 온 들판이 목재로 덮여 있는 듯하다. 이틀 전에 갔던 모얼따오까의 목재소 분위기도 이랬다. 화사한 햇살을 받으며 눈이 쌓인 철길을 따라 한참을 걸었다.

목재소 사무실에 들어가니 어제 함께한 사람들이 반갑게 나를 맞는다. 이들도 취기 어린 목소리로 이야기를 나누고 있다. 따뜻한 차 한 잔을 건네받고 소파에 앉아 몸을 녹이고 있었다. 젊은 친구가 목재 가공하는 곳에 가자고 청한다.

가기 전에 어제 저녁에 말한 '짱아오'라는 개를 잠시 구경시켜 주었다. 워낙 사나워 단단한 우리에 가두어 두었다. 검은색의 털을 가진 개가 하얀 송곳니를 강하게 드러내며 짖어댄다. 짖는 울음소리만 들어도 기가 눌릴 정도로 사나워 보였다. 처음 보는 사람에게는 경계심이 강해 크게 짖어대고 때로는 공격하기도 한다. 하지만 주인에게는 한없이 온순하다고 한다. 추운 환경을 잘 견뎌서 동북에서 생활하기 적합한 개다.

목재를 가공하는 곳으로 갔다. 가공된 합판, 가구에 쓰일 여러 종류의 각목이 매끈하게 처리되어 작업장에 가득 쌓여 있다. 밖에서는 전기톱으로 목재를 자르는 소리가 요란하다. 처음 보는 포클레인 같은 기계 차가 목재를 한 아름씩 안고 들어온다. '장재기裝載机'라고 하는 기계 차라고 한다. 합판을 만드는 곳에 가니 메케한 냄새가 코를 자극한다. 워낙 추워서인지 일하는 사람은 많지 않았다.

사무실로 돌아와 함께 점심을 하러 갔다. 점심때도 술은 빠지지 않았다. 노동자, 그것도 힘든 일에 종사하는 벌목공이다. 이들은 이렇게 술이 밥처럼 필요한 사람들인지도 모른다. 이때도 별미인 '랍스타'라는 바닷가재가 식탁에 올라왔다. 그들 중 한 명이 요녕성 따리엔大连에서 가지고 왔다고 한다. 깊숙한 내륙에서 바다의 진귀한 고기를 접한다는 것도 행운이다.

오후에 커이허 근교에 있는 씽안兴安삼림공원에 갈 준비를 했다. 그들은 일이 없으면 늘 이곳을 갔다 온다고 한다. 나는 마을 사람들이 운동 삼아 산책을 하는 정도로 생각했다. 그런데 공원에 들어가자마자 바로 등반이 시작되었다. 술기운에 오르기는 했지만

내몽고 커이허 목재소 친구

경사가 급한 데다가 수북이 쌓인 눈과 얼음에 미끄러지기 일쑤였다. 하지만 그들은 대부분 얇은 운동화나 구두를 신고서도 개의치 않고 잘 오른다. 산을 타는 것이 아주 체질에 딱 맞는 모습으로 보였다.

산 정상의 철탑을 올라가 커이허 마을을 바라보았다. 마을과 산천이 구분이 안 될 정도로 모두가 하얗다. 겨울 찬바람이 얼굴을 스치며 지나간다. 얼마 지나지 않아 차가운 공기가 몸을 감싸는 느낌이 들었다. 눈길을 미끄러지듯 하산을 서둘렀다. 늦게 내려오는 나를 기다리던 청년이 눈 위에 나뭇조각을 하나씩 놓았다. 잠시 후 눈 속에 '中韩'이라는 글자를 만들었다. 우리는 글자를 배경으로 서로 손을 잡고 기념사진을 남겼다. 그의 이름은 '全是韩'이다. 신기하게도 '전부가 돈이다.'라는 의미다. 산에서 내려온 나에게 체력이 아주 좋다고 칭찬해 주는 그들이 참 좋았다.

헤어질 때는 항상 다시 오겠다고 약속을 한다. 그 약속이 꼭 지켜지지 않더라도 그렇게 말해야 좋을 것만 같다. 우직한 사나이들의 우정이 연인의 사랑보다도 더욱 진하게 풍겨오는 친구들이다.

쟈인의 新发村-老幺家 가족과 함께

흑룡강을 따라 내려가면 공룡의 고향이라 불리는 쟈인嘉荫이라는 현縣이 있다. 이곳에는 마오란꺼우茅兰沟라는 삼림공원과 공룡박물관이 있어 여름이면 사람들이 많이 찾는다. 그리고 흑룡강과 접해있어 물놀이를 즐기는 사람도 많다. 강물이 깊지 않아 러시아 쪽으로 한참을 걸어가도 수심이 무릎 아래에 있다. 강변에 차를 세워두고 강바람을 맞으며 천렵을 즐기는 사람들이 시끄러울 정도다.

강둑에서 풀을 뜯던 소들도 더위를 식히려고 강물로 내려와 주위를 살피며 어슬렁거린다. '파란 하늘에 하얀 구름'. 이를 두고 중국인들은 '바이윈란티엔白云蓝天'이라는 말을 자주 인용한다. 한가로운 흑룡강변의 풍경이다.

강변을 따라 걷는 양 떼의 무리가 보인다. 양 떼를 따라 근교의 촌 마을로 접어들었다. 오리와 거위가 어울려 마을길을 휘젓고 다닌다. 전형적인 농촌 마을이다.

이 마을의 이름이 '新发村-老幺家'라고 한다. 양 떼의 뒤를 따라 걷다가 촌장의 집을 방문하게 되었다. 집 마당에는 오미자나무가 주렁주렁 익은 과실을 달고 있다. 마당 옆으로는 텃밭을 일구어 직접 챙겨 먹을 수 있는 오이, 향채, 배추 같은 채소들이 즐비하다. 나팔꽃으로 덮인 뒷간이라 하는 곳에는 큰 돼지 두 마리가 밥을 달라고 꿀꿀거린다.

마침 마당에서는 남자분이 강에서 잡은 물고기를 손질해 튀기고 있다. 방문한 나에게 솥에서 삶은 옥수수를 꺼내어 먹으라고 권하기도 한다. 한국 손님이 와서 더욱 특별하다고 친절하게 맞이해 준다. 부엌에 갔더니 두세 명의 여인들이 고기와 채소를 다듬으며 한국 여인들의 생활에 대해서 묻기도 했다.

TV를 통하여 한국의 연속극도 즐겨 본다고 한다. 대부분의 연예인이 예쁘다고 하면서 성형을 하지 않느냐고 물어온다. 친구가 한국으로 돈 벌러 갔다는 부러움 섞인 말도 잊지 않는다.

조금 있으니 중년의 남자가 수박을 들고 들어왔다. 알고 보니 오늘 멀리서 친척이 와서 가족 친지가 한자리에 모이기에 저녁 식사를 준비한다는 것이다. 오래지 않아 식단이 차려지고 자리에 같이 앉았다. 만두와 옥수수, 돼지고기, 민물고기, 각종 채소와 과일 등

풍성한 음식이 앞에 놓였다. 맥주 한잔을 들고 가족과 친지의 우애를 위한 건배를 했다. 8월 중순의 더위 속에 창문 틈으로 슬며시 찾아오는 서늘한 바람이 마냥 시원하다. 강변의 촌 마을에서 깊어가는 밤을 이렇게 맞이했다.

나는 늘 이런 생활을 꿈꾸어 왔는지도 모른다. 짧은 만남이고 누구인지 모르더라도 자신을 찾아온 사람에게 지극한 관심과 사랑을 가져준다면 천국이 이보다 더 좋을까 하는 생각이 든다. 잊지 못할 즐거운 밤이다.

흑룡강성 이춘伊春에서 꼬마 아이를 만났다.

이춘은 두 개의 공원이 도시를 가운데 두고 마주 보고 있다. 탕왕허湯旺河라는 강줄기가 도심을 지난다. 샤오씽안링이라는 산줄기에 접하여 공기도 좋다. 가을이 오면 온 산이 오색단풍으로 물들어 여행자들이 많이 찾는다.

북산공원에 가기 위해 탕왕허가 흐르는 다리를 건넜다. 공원 입구에 동물원이라는 팻말이 눈에 들어왔다. 국경절 연휴라 아이들을 데리고 온 가족들이 많다. 커다란 두 쌍의 흑곰이 우리 안에서 어슬렁거리며 주위를 맴돌고 있다. 어린아이들이 먹을 것을 던져주면서 다가오는 흑곰의 움직임에 마냥 즐거워한다.

잠시 후 모두 떠난 자리에 우산을 들고 작은 가방을 멘 꼬마 아이가 서 있었다. 혼자 남아있는 아이에게 다가갔다. 나이와 이름을 묻고 왜 이곳에 혼자 왔느냐고 물었다. 아이는 11살이고 초등학교

이춘 꼬마 아이 쭈쉬와 함께

4학년인데 이름이 '쭈쉬朱熙'라고 말했다.

비가 오락가락하는 숲길을 둘이 걸으면서 이야기를 나누었다. 내가 한국 사람이라는 말을 듣고도 놀라는 표정을 보이지 않았다. TV를 보며 한국에 대해 궁금했던 것을 태연스레 물어왔다. 잠깐의 대화를 나누는 동안 아이의 총명함에 놀랐다. 아이답지 않게 언어 구사력이 남달랐고, 흑룡강성의 지리를 이야기할 때도 아이답지 않았다. '우량예五粮液'라는 유명한 술이 사천성 의삔宜宾에서 산출된다느니, 쟈거다치加格达奇라는 내몽고의 도시가 따씽안링에 접해 있어 경치가 좋다느니 하는 어른스런 말들을 스스럼없이 늘어놓기도 한다.

아버지는 북경에서 물을 관리하는 직업에 종사하고 있고, 세 번째 부인하고 살며, 16살 위의 배다른 누나가 이곳 이춘에서 경찰로 있다고 한다. 자기를 낳은 친어머니는 사천성에 있는데, 부모님과 구채구와 황룡을 여행한 것이 어머니와의 마지막이었다고 한다. 지금은 83세의 할머니하고 둘이 작은 아파트에서 생활하고 있단다.

아이로부터 이런 이야기를 듣고 있자니 가슴이 아팠다. 아이는 서슴없이 대답해 주었지만 더 이상 아이의 마음을 아프게 하고 싶지 않았다. 아이는 장래의 꿈이 비행기 조종사가 되는 것이라고 한다.

아이는 함께 걸으면서 어느새 나의 가이드 역할을 하고 있다. 게다가 나를 '예예(할아버지)'라고 부르면서 가끔씩 앞에서 재롱도 부린다. 부모님의 정을 나에게서 느끼고 있는지도 모르겠다 싶어 오늘 아이에게 많은 사랑을 남겨주고 싶었다. 가방에는 넣어둔 지 며칠 지난 바나나 두 개가 전부였다. 오늘 점심은 내가 살 테니 돈은 네가 내라고 농담을 던졌다. 아이는 집에 갈 차비로 1원밖에 없다고 하는데 그 말을 듣자 또 마음이 아팠다.

공원을 내려와 시내 보행가 거리에 있는 식당으로 데리고 갔다. 키가 140㎝ 이하인 아이는 가격이 성인의 3분의 1이라고 쓰여 있는데 아이의 키가 5㎝ 모자랐다. 다행이라고 해야 할까 불행이라고 해야 할까. 아이가 나에게 말한다. 할아버지도 나이가 65세면 할인이 된다고 한다.

아이는 한 번도 와보지 못했을 뷔페를 잘 아는 듯이 휘젓고 다녔다. 내가 고기와 한 잔의 술을 즐기는 동안 아이는 두 번이나 아이스크림을 가지고 와서 먹었다. 역시 아이는 아이라는 생각이 들었다.

내가 마늘을 먹는 것을 보고는 어느새 달려가 마늘을 한 접시 들고 온다. 식사를 하는 동안에도 구채구와 황룡의 추억을 다시 이야기한다. 그게 아이에게 유일하게 남겨진 소중한 추억인 것 같았다.

　요즈음 우리나라에서 금수저니 흙수저 하면서 출생의 행복과 불행을 이야기한다. 부모에 의하여 모든 게 정해지는 사회현실에 시름하는 젊은이들의 모습을 이 아이에게서 느꼈다. 걸핏하면 '농촌의 아들로 태어나……'라는 구절로 자신이 어려운 사람을 대변해 주는 사람인 양 연설을 했던 지도층의 말이 생각난다. 흙수저의 인생이 영원히 흙수저로 살게끔 옥죄는 사회가 아니기를 바랄 뿐이다.

　이춘시 박물관과 탕왕허가 흐르는 다리 하나를 사이에 두고 있는 수상공원으로 향했다. 어둠이 석양을 파고드는 수상공원에 지구본을 이고 있는 둥근 탑이 붉게 물들고 있다. 어제 이춘시 박물관에 가 본 이야기를 하니 아이는 입장료가 얼마냐고 물었다. 신분증만 보여주면 된다고 말해주었는데 아이가 그동안 돈이 없어 가보지 못했을 거라는 생각도 들었다.

　아이가 갑자기 여권에 대해서도 물어왔다. 여권을 아느냐고 되물었더니 나의 비자에 대한 궁금증도 물어왔다. 아이는 셋째 부인의 아들이 해외여행을 해서 안다고 했다. 영특한 아이라는 생각이 또 스쳐 간다. 공부는 반에서 1등이나 2등을 한다고 했다.

　헤어질 시간이 다가왔다.

　나는 아이에게 말했다. "훗날 네가 성장하면 한국에 사는 할아버지가 밥도 사주고 맛있는 것도 사 주었다는 것을 기억해라. 우리가 헤어져도 절대로 서로 잊지 말자."고……. 말을 하는 내 가슴이 뭉클해졌다.

아이는 공원의 운동기구에 매달려 걸어가는 나를 물끄러미 바라본다. 아마 아이는 이곳에서 어둠이 오기를 기다리고 있을지도 모른다. 어둠이 찾아오면 아이는 쓸쓸히 집으로 들어갈 것이다. 나와 보낸 시간이 아이에게 국경절 휴가의 멋진 추억으로 남았기를 바랐다. 그리고 아이가 자신의 꿈인 비행기 조종사처럼 하늘을 훨훨 날았으면 좋겠다.

오늘 밤 아이는 할머니에게 우리가 보낸 시간을 마냥 즐겁게 이야기할 것이다. 내가 어린 시절 행복하게 어머니 품에서 나누었던 이야기처럼……

허울 좋은 가면의 탈을 쓰고 속물처럼 지내온 날도 수없이 많았다. 구차한 변명으로 자신을 가리려 했을 때도 있었다. 그리고 잠자리에서는 위선 앞에 스스로 부끄러워했다.

그 아이가 나의 길동무고 스승이었다.

치치하얼의 바둑 친구들, 자란툰에서 만난 친구들, 따양쑤의 친구들, 목재소에서 만난 벌목공들, 쟈인에서 집으로 초대해준 사람들, 이춘의 11살 꼬마 아이……. 이 밖에도 나의 여행을 외롭지 않게 도와준 많은 사람들이 있어 나는 또 동북의 여행을 꿈꾸고 있는지도 모른다.

그들이 더없이 그립고 보고 싶다.

북만주 대륙의 땅 그리고 초원의 땅 내몽고 후뤈베이얼. 여유로웠던 여행도 끝나고 어느덧 해가 지고 있다. 다하지 못한 아쉬움과 이루고 난 뒤의 허탈감은 항상 나를 괴롭힌다. 혼자 웃는 겸연쩍은 웃음이 차라리 솔직하다. 글을 써 본다는 것. 솔직하게 써보려 해도 미사여구가 따라붙는다. 진실을 치장하기 시작하면 치장이 오히려 진실의 행세를 하려고 한다. 젊은 날 자신의 허물을 감추기 위해서 위선으로 가득 찬 시절이 없지 않았다. 타인보다 더 잘나 보이고 더 있어 보이려고 노력했던 시절이다.

돌이켜보면 북만주 여행을 참 잘했다고 생각한다. 아니 좀 더 일찍 다녔더라면 더 좋았을 걸 하는 생각도 해본다. 북만주를 여행하면서 그들은 나에게 많은 것을 일깨워 주었다. 그들이라고 하는 것이 꼭 사람만은 아니다. 내가 만나고 본 모든 것들을 말한다. 그 무엇도 숨기려 하지 않는 초원과 들녘, 그리고 수많은 삼림의 숲을 걸었다. 그 속에서 함께한 정겨운 친구들을 말하는 것이다.

그들은 솔직한 것이 가장 행복하다고 말한다. 그들의 진솔하고 해맑은 모습에서 그 말이 진심임을 느낀다. 감추어진 것을 다 털어 버리면 마음이 가볍다. 그렇게 욕심부리지 않고 조금의 불평이나 불만은 삶에 필요한 일부라 여기며 살아가는 그들은 행복하다. 마음의 벽을 허물고 만나는 이방인들에게서 이제 곧 다가올 노년의 성숙한 나를 보는 듯하다.

나는 길을 가다가 북만주를 만났다고 말한다. 누군가는 북만주가 담고 있는 자연과 역사, 사람들에 대한 내 이해가 부족하다며 비웃을지도 모른다. 그러나 이제 글을 마감할 시간만이 기다리고 있다. 나에게 이런 추억을 안겨준 모든 친구들에게 진심으로 감사한다. 책을 잘 다듬어 주신 북랩 출판사에도 감사의 말씀을 전한다.